Heinold/Rau
Holzspielzeug aus aller Welt

Ehrhardt Heinold
Hans Jürgen Rau

Holz-Spielzeug aus aller Welt

Weingarten

CIP-Kurztitelaufnahme der
Deutschen Bibliothek

Heinold, Ehrhardt:

Holz-Spielzeug aus aller Welt/
Ehrhardt Heinold; Hans Jürgen Rau. –
Weingarten: Kunstverlag Weingarten,
1983.
ISBN 3-921617-68-5
NE: Rau, Hans Jürgen:

Satz: Typoservice GmbH, Ravensburg
Reproduktion: repro-team gmbh,
Weingarten
Gesamtherstellung:
Druckhaus Ernst Kaufmann, Lahr
Printed in Germany
ISBN 3-921617-68-5

Inhalt

Abbildung rechts:
„Kraxenträger"
Einzelstück, Werner Bierling,
Oberammergau; 1982
Linde, geschnitzt und kaschiert (= in Leinen getränkter Stoff), Fassung (= grundiert und mit Oelfarbe bemalt);
Höhe ohne Sockel 27 cm
Sammlung Renate und Hans Jürgen Rau
(Der Künstler schnitzt diese Figur nach Einzelauftrag)

Die Kraxenträger machten sich zu Fuß auf die Reise bis weit in die Welt, zum Beispiel bis Rußland und Spanien. Sie führten auf ihren „Kraxen" fertige Ware zum Direktverkauf mit sich, aber auch Musterkästen (siehe Abbildung Seite 15), die alles lieferbare Spielzeug in Miniaturstücken enthielten. Auf diese Ware nahmen sie Bestellungen auf.
Der „Kraxenträger" aus Oberammergau kehrt leitmotivisch in diesem Buch als Symbol für die vielfältige Welt des Holzspielzeuges wieder. Ein fast lebensgroßer holzgeschnitzter Kraxenträger steht in Oberammergau vor dem Gebäude der alten Schnitzerfirma „Lang selig Erben", die ein Privatmuseum mit Oberammergauer Schnitzereien unterhält (siehe Seite 91).

Das Kind aller Zeiten und Völker
ist sich gleich in seinen Trieben,
seinen Beschäftigungen und seinen
Spielen und gleich ist es auch in
seinen Bedürfnissen nach Spielzeug.
Karl Gröber

Spiel und Leben

Wenn aber ein moderner Dichter sagt, es gäbe für jeden ein Bild, über dem die ganze Welt ihm versinkt, wievielen steigt es nicht aus einer alten Spielzeugschachtel auf?
Walter Benjamin

Dieses Buch ist aus einer Liebhaberei – also einem Hobby oder „Steckenpferd" – entstanden: schon haben wir einen Begriff aus der Spielzeugwelt, der uns zeigt, wie Spielen und Leben ineinander übergehen.
Mein Steckenpferd ist das Sammeln von Spielzeug und Volkskunst aus dem Erzgebirge. Ich stamme aus dem Seiffener Spielzeugwinkel. In den Häusern meines Geburtsortes und der Nachbardörfer ringsum wurde in Heimarbeit Spielzeug produziert. Kleine Fabriken verarbeiteten Holz zu Stühlen, Tischen und anderen Gebrauchswaren, vor allem aber zu Spielzeug.
Dieses Kinderland mußte ich verlassen, als ich gerade vier Jahre alt war, weil unsere Familie nach Dresden umzog. Mein erzgebirgisches Spielzeug wurde mitgenommen: Fahrzeuge, Tiere, Bäume, Menschen und Häuser en miniature, ein Kaufladen aus Seiffen, ein Holzpferd und ein Räuchermännchen sowie die Pyramide von Großvaters Hand. Sie waren für mich die Bindeglieder zu einer verlorenen Kindheit. Hier liegt die Wurzel meines Sammeltriebs.

Holzspielzeug hat es in allen Epochen der Menschheitsgeschichte gegeben und gibt es noch heute in vielfältigen und schönen Formen in allen Regionen der Erde. So entstand aus meiner Sammelleidenschaft der Plan, nicht nur die Welt des erzgebirgischen Spielzeugs, sondern die Vielfalt dessen, was zum Spielen aus Holz gemacht wird, in einem Buch zu dokumentieren. Hans Jürgen Rau, der Fotograf des Bandes, sammelt ebenfalls seit Jahren mit Leidenschaft Spielzeug. Bereitwillig vom Verlag, von Privatsammlern und Museen unterstützt, haben wir versucht, in diesem Buch Holzspielzeug in seiner ganzen Vielfalt vorzustellen. Dabei beschränkten wir uns auf Material aus Museen und Privatsammlungen des deutschsprachigen Raumes – aus der Bundesrepublik, Österreich und der Schweiz. So kann man mit diesem Buch auf Reisen gehen und die Stücke selbst in Augenschein nehmen, die darin gezeigt werden. Auf Seite 124 werden die wichtigsten Museen, die Spielzeug sammeln, genannt. In einer eigenen Rubrik sind Museen in der DDR erfaßt. Dort, im Ursprungsgebiet thüringischen und erzgebirgischen Spielzeugs, findet man zahlreiche liebevoll gepflegte Spielzeug-Abteilungen.

Wer die Bilder des vorliegenden Bandes betrachtet, gerät ins Sinnieren. Warum ist Spielzeug aus Holz mehr kindgerecht als das aus anderem Material? Was denken, empfinden und tun Kinder eigentlich, wenn sie spielen? Was kann Spielen für Erwachsene bedeuten?
Vielleicht bekommen Sie beim Anschauen auch Lust, selbst Spielzeug zu sammeln? Zwar sind alte, schöne Stücke selten und teuer. Aber noch immer entsteht in aller Welt tagtäglich formschönes Spielmaterial aus Holz. Aus Peru und Mexiko, aus der UdSSR und Japan, aus Indien und verschiedenen afrikanischen Regionen, aus Skandinavien und der Schweiz, aus Polen und der CSSR und aus vielen Ländern mehr findet es den Weg zu unseren Märkten. Man muß freilich Gespür und Zeit aufbringen, um Sammelnswertes zu finden. Es lohnt sich, in Spielzeug- und Kunstgewerbeläden, in Boutiquen und Geschenkgeschäften sowie in Dritte-Welt-Läden zu stöbern. Wenn Sie Glück haben, finden Sie Schönes, Ursprüngliches und Einmaliges zu günstigen Preisen.

Der Text des Buches will in knappen Schritten in die Geschichte des Spielzeuges einführen. Das Literaturverzeichnis enthält Hinweise, in welchen Bänden weiterführende Literatur aufgeführt wird.
Schwierig war es, das Thema Holzspielzeug zu anderen Gebieten abzugrenzen. Wir haben uns deshalb auf das eigentliche Holzspielzeug beschränkt und Sonderformen wie Brett- und Würfelspiele, Marionetten, Handpuppen, Nußknacker, Schaukelpferde, Schlitten, Kinderfuhrwerke und dergleichen weggelassen. Holz als Werkstoff ist unerschöpflich – diese wenigen Hinweise machen es deutlich.

Links: Baum „Malus"
Design: Peter Schweizer-Scolari
naef Spielzeug, Zeiningen (Schweiz); 1978
Ahorn, Höhe 22 cm

Ein neuartiges Puzzle, bei dem Kreissektoren und rechte Winkel einander zugeordnet sind und vom Kind erkannt werden müssen.
Erhältlich in rot und grün.

Mitte: Vogelbaum
Erich Pollack, Wien; 1981
Diverse Hölzer, Laubsägearbeit, naturbelassen; Breite 18 cm, Höhe 25 cm

Als Spiel- und Puzzleobjekt, aber auch als Dekoration verwendbar.

Rechts: Baumpuzzle
Tello-Spielzeug, Zürich (Schweiz); Gegenwart
Tannenholz, ausgesägt, beidseitig von Hand bemalt. Lieferbar in den Höhen 15 cm; 20 cm; 25 cm

Jedes Teil wird einzeln von Hand ausgesägt, die Kanten sind gebrochen. Die Teile der Baumkrone werden durch einen Rundstab und als Abschluß durch eine Holzkugel zusammengehalten. Die Farbe der Baumteile wird von oben nach unten in Abstufungen dunkler.

Sammlung Renate und Hans Jürgen Rau
Im Handel erhältlich

Holz – der Werkstoff, aus dem die Spielzeugträume entstehen

Die Spieltätigkeit befreit das Leben des Kindes aus der blinden Zweckmäßigkeit des Instinktes und schafft eine Welt, in der das Kind herrscht und sich selbst wiederfindet.

Rowohlts Deutsche Enyklopädie, Enzyklopädisches Stichwort zu Johan Huizinga, Homo Ludens

Freilich bleibt Spielen immer Befreiung.

Walter Benjamin

Holz ist Leben. Holzspielzeug ist Spielzeug aus gewachsenem, lebendigem Material. Oft trägt es die Grundform schon in sich, wie der Ast, der ein Tier symbolisiert: Urspielzeug, wie es manches Museum zeigt und wie es noch täglich von Kindern erfunden oder einfach ge-funden wird, im Sinne von Picassos Ausspruch: „Ich suche nicht, ich finde".
Weil Holz Leben ist, regt es die schöpferischen Kräfte an. Das Kind sieht etwas hinein, das offensichtlich schon darinnen ist und nur herausgesehen werden muß: Eine Kunst, die ihm im Erziehungsprozeß verlorengeht und die so mancher Erwachsene mühsam wieder zu erlernen sucht.
Holz verkörpert für das Kind – und für uns alle – das Stoffliche überhaupt, mit dem wir es auf dieser Welt zu tun haben. Und zwar in Gegensatzpaaren: „Rauh und glatt, spitz und stumpf, gerade und rund, hart und weich, warm und kalt, federnd und starr, aber auch hell und dunkel, laut und leise" (Flade).
An der Materie Holz lernt das Kind die Welt „be-greifen": „Der Prozeß des gesellschaftlich-kulturellen Wachstums entwickelt sich normal nur dann, wenn die Arme den Kopf lehren, wenn darauf der klug gewordene Kopf die Arme lehrt, und die klugen Arme wieder und noch stärker die Entwicklung des Gehirns fördern" (Maxim Gorki).
Holz lehrt das Kind nicht nur, die Welt zu begreifen, sondern seinem Begreifen und Fühlen auch Töne zu verleihen, sich auszudrücken: auf einem einfachen, hohlen Rohr erzeugt es Laute, eine Holzrassel mit ihrem knarrenden Rhythmus skandiert ihm die Zeit zu zählbaren Takten.
Resonanzböden von Streichinstrumenten sind aus Holz; Ahorn zum Beispiel ist dafür besonders geeignet.
Von der kindlichen Rohrflöte führt der Weg über die Blockflöte zu den Holzblasinstrumenten mit ihren weichen, charakteristischen Tönen.
Holz hat je nach Holzart seinen jeweils eigenen Charakter und paßt sich doch den Aufgaben an, die man ihm stellt, wenn sie ihm gemäß sind. Das läßt sich an vielen Holzspielzeugen ablesen.
Oft steckt im Holz eine Urform, die

Prüfungsstücke eines Reifendrehers
Volker Flath, Seiffen/Erzgebirge; um 1980
Linde; Durchmesser 24 cm
Sammlung Christoph P. Grauwiller

Das Reifendrehen aus Fichtenholz ist nur in Seiffen und Umgebung üblich. Es ist vermutlich um 1800 entstanden. Während der Drechsler längs aus dem Stamm geschnittene Bretter oder Bohlen verarbeitet, verwendet der Dreher das Rundholz, das quer aus dem Stamm gewonnen wird (siehe auch Text Seite 25).

Reifenstücke
PGH (Produktions Genossenschaft Handwerk), Seiffen/Erzgebirge; um 1980
Fichte; von unterschiedlicher Größe
Sammlung Christoph P. Grauwiller

Wie Stücke von einer Torte schneidet der Dreher mit einem scharfen Messer die einzelnen Tiergrundformen ab. Anschließend werden sie beschnitzt, geglättet, sowie mit Hörnern und Schwänzen versehen. Auch diese Teile hat der Reifendreher auf die gleiche Weise gewonnen, wie unsere Abbildung deutlich zeigt. Anschließend werden die kleinen Tiere einzeln bemalt.

Stadt mit Häusern, Bäumen und Figuren
Erzgebirge; 2. Hälfte 19. Jahrhundert
Geschnitzt, gedreht, gedrechselt, bemalt;
24 x 17,8 x 4,5 cm
Schweizerisches Museum für Volkskunde, Basel, Dorfmuseum Riehen

Bei der Herstellung dieser Miniaturstadt wurden die verschiedensten Techniken angewandt. Man sieht deutlich, daß die Häuser und Mauerstücke, die die Stadt umgrenzen, aus einem gedrehten Reifen geschnitten worden sind. Auch die Tiere stammen von gedrehten Reifen. Die menschlichen Figuren hingegen sind gedrechselt.

sich bis zur differenziertesten Ausprägung weiterentwickeln läßt. Die einfache gedrehte oder geschnitzte „Docke" (= Puppe) steht am Anfang eines Weges, der zu den großen Holzbildhauern wie Tilman Riemenschneider oder Veit Stoß führt. Eine weitere Eigenschaft: Holz ist bemalt wie unbemalt von eigenem Reiz. Noch heute sind sich die Fachleute bei manchem überkommenen Stück mittelalterlicher Bildhauerkunst nicht einig, ob es ursprünglich bemalt oder unbemalt war. Unbemaltes Holz ist griffig und trägt seine Strukturen offen und nach-fühlbar zur Schau. Aber Holz ist auch ein idealer Farbträger. Hans Jürgen Rau hat in den Bildern dieses Bandes eingefangen, welch eigene Poesie zum Beispiel bemalte erzgebirgische Miniaturen ausstrahlen.
Holz hat überall auf der Welt die gleichen ihm eigenen Strukturen und Gesetze. Deshalb gibt es eine Grundverwandtschaft des Holzspielzeugs über alle Zeiten und Kontinente hinweg.
Holz ist so vielseitig form- und verwendbar, daß der spielende, gestaltende und kultische Mensch damit ebenso den Makro- wie den Mikro-Kosmos symbolisieren kann, die große ebenso wie die kleine Welt. Nordamerikanische Indianer zum Beispiel haben die Dimension der Ahnen, Götter und Giganten in Form von Totempfählen in Holz gebannt und damit beschworen. Und die andere Seite: In Spielzeugminiaturen

Musterschachtel eines Reifendrehers Emil Biermann (1877–1933), Seiffen/Erzgebirge; um 1920
Fichte; Abschnitte von Tierreifen; unterschiedliche Größen
Sammlung Christoph P. Grauwiller

Biermann gilt als der berühmteste Reifendreher. Das Bild zeigt Abschnitte von Tierreifen, die besonders gut geraten sind. Die Stücke wurden gelocht und auf einen Draht aufgezogen. Die Tiere wurden in deutscher Schrift bezeichnet, so erkennt man auf einem Stück den Schriftzug „Ochse".

wird die Welt für Kinder überschau- und erfaßbar. Immer wieder haben Schnitzer kleine Kunstwerke in einer Nußschale untergebracht.
Holz ist nicht statisch. Holzteile wie Scheiben, Räder, Stäbe und Gelenke lassen sich zu beweglichen Gebilden und Figuren zusammensetzen. Holzspielzeug zeigt Kindern eine Welt, die dynamisch und veränderbar ist. Es beflügelt Phantasie und Kreativität; Holz kann man schneiden, schnitzen und polieren; aus Teilen entstehen neue Konfigurationen, neue Wirklichkeiten. Walter Benjamin hat gesagt: „Die Spieltätigkeit befreit das Leben des Kindes aus der blinden Zweckmäßigkeit des Instinkts und schafft eine Welt, in der das Kind herrscht und sich selbst wiederfindet. In dieser Tatsache liegt wohl auch eine der Ursachen des Spielgenusses."
„Es gibt kein Spiel ohne Spielzeug", stellt Roger Pimon fest. Ob ein Kind für sich mit ein paar Ästchen spielt, die ihm in seiner Phantasie Tiere sind, ob es selbstvergessen aus Bauklötzen Tore und Türme errichtet oder ob es im Zusammenspiel mit anderen Dörfer und Städte baut, in denen Menschen wohnen, ob es Kreisel oder Reifen bewegt, ob es die Rassel kreisen läßt oder auf der Flöte Töne erzeugt: Immer ist es in geistiger und körperlicher Bewegung, immer greift es zu, immer eignet es sich Umwelt an und immer tritt es aus seiner Eigenwelt heraus und geht zu auf die Dinge und auf andere Kinder, andere Menschen.

Abbildung rechts:
Musterschachtel eines Oberammergauer Spielwaren-Reisenden
Einzelstück. Hersteller unbekannt, Oberammergau; Anfang 19. Jahrhundert
Fichte, Schreinerarbeit, Inhalt Schnitzerei; Schachtel 9,8 x 30, 8 x 25 cm, Figuren ca. 3,5 cm
Heimatmuseum der Gemeinde Oberammergau

Mit solchen Musterschachteln und einem Bestellblock gingen die Kraxenträger hinaus in die Welt und nahmen Bestellungen entgegen. Sie führten auch fertige Ware, so viel sie tragen konnten, zum direkten Verkauf mit, so wie unser Kraxenträger auf dem Umschlag dieses Buches, der den Leser durch die verschiedenen Kapitel begleitet (siehe auch Seite 6).

Holzspielzeug – zeitlos schön und doch gebunden an seine Zeit

Spielzeug ist... eine soziale Tatsache, eine Funktion im Sozialisationsprozeß des Kindes, aber auch im gesamten historischen Gesellschaftssystem, das es umgibt.

Ingeborg Weber-Kellermann

Beim Betrachten der Abbildungen dieses Buches findet man engverwandte Formen, Figuren und Motive aus den verschiedensten Zeiten und Regionen. Der deutsche Spielzeugforscher Karl Gröber hat dazu gesagt: „Das Kind aller Zeiten und Völker ist sich gleich in seinen Trieben, seinen Beschäftigungen und seinen Spielen und gleich ist es auch in seinen Bedürfnissen nach Spielzeug."

Daneben jedoch hat Spielzeug einen streng zeitgebundenen Charakter. Es ist abhängig von dem Material, das zur Verfügung steht. Es ist bedingt durch die gesellschaftliche Struktur, in die das Kind – eben mit Hilfe des Spielzeugs – eintrainiert wird. Es ist schließlich bestimmt von seinem materiellen Wert, nämlich davon, was Eltern für ihre Kinder aufbringen können und wollen, ist also bestimmt von der sozialen Schicht, in der ein Kind aufwächst.

Die in einem Katalog vorzüglich dokumentierte Ausstellung der Berliner Akademie der Künste „Puppe, Fibel, Schießgewehr – das Kind im kaiserlichen Deutschland" (1977) hat diese Zeitgebundenheit am Beispiel des kaiserlichen Deutschland vorgeführt.

Der Spielzeugforscher Hein Retter stellt zwei Thesen gegeneinander:

> „Das Kind ist in seinen Grundbedürfnissen und in Grundmustern seines Verhaltens über Jahrhunderte und Jahrtausende hinweg immer gleich geblieben.
> Bedürfnisse und Verhaltensweisen des Kindes sind das Ergebnis der jeweiligen soziokulturell-gesellschaftlichen Verhältnisse und der durch sie determinierenden Umwelt- und Erziehungsbedingungen."

Retter sieht beide Thesen als aufeinander bezogen an; in ihrer Spannung steht die Geschichte der Spielmittel. „Spielmittel haben in mehrfacher Hinsicht eine Doppelfunktion: Sie sind nicht nur Gegenstand des Vergnügens und des Nützlichen, sondern auch Mittler zwischen Kind und Kultur."

Der Begriff Spielmittel, den Hein Retter hier gebraucht, geht auf dessen Lehrer H. Mieskes zurück und wurde im Jahre 1970 von der Bamberger Arbeitsgemeinschaft Spielzeug zum erstenmal für einen Buchtitel verwendet. Retter versteht unter Spielmitteln:

Spielzeug
– Einzelgegenstände

– Spielanlagen
(Figuren, Kaufmannsladen)
„Spiele"
(Regelspiele wie Karten-, Würfel-, Brettspiele)
Spielmaterial
Beschäftigungsmaterialien
Spielgeräte und Fahrzeuge

Spielmittel ist also für Retter der Oberbegriff, Spielzeug der Unterbegriff. Unser Buch führt Beispiele aus den verschiedenen Gruppen, vornehmlich Spielzeug vor. Da Holz der Grundstoff aller Spielmittel und allen Spielzeugs ist, war es schwer, eine Abgrenzung zu finden, um nicht ins Uferlose zu geraten. So haben wir – wie schon erwähnt – vor allem diejenigen Spielzeuggruppen weggelassen, zu denen schon ausführlichere Darstellungen erschienen sind.
Zur gesellschaftlichen Funktion des Spielzeugs hat die Volkskundlerin Ingeborg Weber-Kellermann in ihrer Kulturgeschichte „Die Kindheit" ausführliche Materialien geliefert. Sie will daraufhinwirken, die Welt des Spielzeugs nicht nur – meist durch die eigene trügerische Erinnerung – verklärt zu sehen. In der „guten alten Zeit" fand nur das Bürgerkind in seinem geregelten Tagesablauf genügend Zeit zum Spielen. Nach regelmäßigem Schulbesuch und Schularbeit hatte es etwa ein Drittel des Tages Freizeit zum Spielen. Die Kinder der anderen Schichten waren in den Arbeitsprozeß eingespannt. Das Arbeiterkind mußte kleine Lohnarbeiten wie Brötchen- und Zeitungsaustragen meist schon vor dem oft unregelmäßigen Schulbesuch verrichten. Danach wurde es zu weiteren Aufgaben herangezogen, besonders das Heimarbeiterkind. Auch auf dem Lande besuchte das Kind die Schule nur unregelmäßig: im Sommer wegen zahlreicher Hilfsarbeiten, im Winter wegen weiter und verschneiter Schulwege. Freizeit zum Spielen fanden beide Kindergruppen kaum.
Nach Einführung der Gewerbefreiheit in Deutschland im vorigen Jahrhundert entwickelte sich eine lebhafte Spielzeugproduktion und ein florierender Handel, allerdings auf der Grundlage sozialen Elends in den meisten Spielzeugproduktionsgebieten, die überdies schon von Anbeginn an dem jeweils zeit- und kriegsbedingten Auf und Ab des Wirtschaftslebens ohne Schutz ausgesetzt waren.
Das soziale Elend im Heimarbeitermilieu des Erzgebirges hat in der Nachfolge von Gerhart Hauptmann Anfang dieses Jahrhunderts der sozialdemokratische Redakteur Emil Rosenow in seiner Komödie „Kater Lampe" eingefangen. Im Jahre 1931 veröffentlichte Alexander Graf Stenbock-Fermor sein Buch „Deutschland von unten – Reisen durch die proletarische Provinz". Wer die darin enthaltene Reportage „Spielzeugschnitzer, Holzarbeiter, Bergleute im Erzgebirge" liest, ist vor allzu romantischer Verklärung der Spielzeugwelt gefeit. Nach Ingeborg Weber-Kellermann waren es im ausgehenden 19. Jahrhundert nur etwa 20% der Beschäftigten mit ihren Familien, die überhaupt als Käufer von Spielzeug besserer Qualität in Frage kamen. „Zielgruppe des schönen Spielzeugs von dazumal war das Bürgerkind in seinem behüteten Heim – das Sozialisationsideal die Vermeidung von Konflikten und die Bewahrung der bürgerlichen Welt in ihren Normen und Anschauungen. Die anderen vier Fünftel von Kindern der Gesellschaft aus Kleinbürger-, Bauern- und Arbeiterfamilien hatten wenig oder nie Gelegenheit zum Spielen mit Spielzeug" (Ingeborg Weber-Kellermann).
Die Konjunktur in der deutschen Spielzeugproduktion vor dem ersten Weltkrieg beruhte weitgehend auf Export; der weltweite Massenbedarf

Seiffener Drehwerk
Gunter Flath, Seiffen/Erzgebirge; 1980
Fichte und Buche; 11 x 6 x 4,5 cm

Alle drei Stübchen auf dieser Seite entstehen ganz in Handarbeit. Die kleinen Griffe, Rädchen, Tännchen, aber auch die Arbeiter sind gedreht. Der Antriebsriemen wird mit der Pinzette montiert und verleimt.
Im Handel erhältlich

Seiffener Mal- und Schnitzstube
Gunter Flath, Seiffen/Erzgebirge; 1980
Fichte und Buche; 11 x 6 x 4,5 cm

Viele kleine Teile, z.B. Tännchen auf den Trocknungsgestellen, werden gedreht, gefärbt und getrommelt (d.h. in rotierenden Trommeln poliert). Vorn links ist eine Poliertrommel nachgebildet.

Seiffener Bauernstube
Gunter Flath, Seiffen/Erzgebirge; 1981
Fichte und Buche; 11 x 6 x 4,5 cm

Der Hersteller hatte längere Zeit Mühe, dieses Stübchen herzustellen, weil es anfänglich nicht möglich war, alle Teile so klein zu produzieren, z.B. Wallholz, Kaffeemühle, Quarkpresse etc.

Alle drei Abbildungen: Sammlung Christoph P. Grauwiller

Hund mit Jungen in Spanschachtel
Bruno Enzmann (1896 bis 1978), Seiffen/ Erzgebirge; um 1935
Großer Hund 5,5 x 4,5 cm
Kleine Hunde 2,2 x 1,7 cm
Sammlung Christoph P. Grauwiller

Die Hunde sind aus gedrehten Reifen hergestellt und sorgfältig beschnitzt, mit Sägemehl beflockt und bemalt; Spanschachtel auf der Seite gebunden, wie es früher üblich war.

war nur durch schlechtbezahlte Heim- und Kinderarbeit zu befriedigen.
Überdies, und darauf hebt die Volkskundlerin besonders ab, fixierte das Spielzeug in der Regel Jungen und Mädchen auf ihre geschlechtsspezifische Rolle als Ernährer (und Verteidiger) bzw. Mutter der Familie – Kriegsspielzeug hie, Puppenzeug da! Wenn der vorliegende Band so gut wie keine Beispiele von Kriegsspielzeug enthält, so nicht deshalb, weil wir leugnen wollten, daß es das gegeben hat. In Oberammergau wurden im vorigen Jahrhundert z. B. Holzsoldaten in großen Mengen erzeugt. Auf dem Gebiet des Kriegsspielzeugs wurde aber das Holz ziemlich früh von anderen Materialien abgelöst; man denke nur an die Blei- und Zinnsoldaten und das typische Militärspielzeug des Dritten Reiches aus Linol und Elastolin. Spielsoldaten aus den neuen Materialien verdrängten die Holzfiguren so sehr, daß heute nur noch selten Beispiele zu finden sind.

Karussell mit dazugehöriger Spanschachtel
Berchtesgaden; nach 1950
Weichholz, geschnitzt und gedrechselt, bemalt; Durchmesser 11 cm, Höhe 11 cm, Schachtel Durchmesser 13 cm, Höhe 14 cm
Heimatmuseum Berchtesgaden

Auf dem Karussell befinden sich drei kleine Reiter auf Pferden. Das Karussell setzt sich in Bewegung, wenn man an dem Knopf auf dem Dach dreht. Die Spanschachtel ist mit typischen Berchtesgadener Mustern bemalt.

Abbildung rechts: Ensemble von Spielfiguren aus der Sammlung Metzger (von links nach rechts)
Über der Gruppe:
Nils Holgersson auf der Wildgans
Schweden; 20. Jahrhundert
Holz, geschnitzt, bemalt; 19 x 17 x 13 cm

Räderpferd
Peru; 20. Jahrhundert
Geschnitzt, natur; 20 x 14 x 5 cm

Nachziehspielzeug Fisch
Japan; 20. Jahrhundert
Geschnitzt, bemalt, auf Rädern; 13 x 8 cm

Holzpuppe
Peru; 20. Jahrhundert
Weiches Holz, geschnitzt, bemalt; 5 x 22 cm

Vogel
Peru; 20. Jahrhundert
Geschnitzt, bemalt; 11 x 13 cm

Puppe
aus dem Grödner Tal; 19. Jahrhundert bis 1914
Geschnitzt, natur, Kopf und Glieder bemalt; 7 x 28 cm

Noah aus einer Arche
Erzgebirge; 19. Jahrhundert
Gedreht, nachgeschnitzt, bemalt; 7 cm hoch

Männliche Figur
nach erzgebirgischem Vorbild; Israel; 1950
Gedreht, geschnitzt, bemalt; Höhe 4 cm

Steckpuppe
Rußland; 19. Jahrhundert bis Gegenwart
Gedrechselt, bemalt, hohl, enthält mehrere immer kleiner werdende Puppen; 7 x 16 cm

Kuh
Schweiz, Bauernarbeit; 20. Jahrhundert
Geschnitzt, natur; 8 x 14 cm

Holzpferd
Grödner Tal; 19. Jahrhundert
Geschnitzt, natur; 19 x 14 cm

Rentier
Schweden; 19. oder 20. Jahrhundert
Geschnitzt, natur; 14 x 10 x 20 cm

Große Figur
Brasilien; 20. Jahrhundert
Geschnitzt, natur; Höhe 13 cm

Woher das Spielzeug kommt

Schön sind diese Spielzeuge, die wir hier bewundern können, und sie würden glücklichmachen, wenn man nicht in der Lohnliste blättert und erkennt, unter welchen Arbeitsbedingungen die Heimarbeiter ihre Werke schaffen.

Alexander Graf Stenbock-Fermor

Spielzeugindustrie ist überall da entstanden, wo Holz reichlich zu haben, Energiequellen wie Wasserkraft in greifbarer Nähe, der Anschluß an Handelswege vorhanden und ein Potential von Arbeitskräften zu finden war, das auf Grund der sozialen und wirtschaftlichen Umstände sich für geringen Lohn zu arbeiten bereit erklärte.
Im deutschsprachigen Raum waren diese Voraussetzungen in verschiedenen Regionen vorhanden, und in ihnen hat sich, beinahe parallel, die Spielzeugproduktion etwa nach den gleichen Gesetzen entwickelt. Am Anfang steht überall das selbstgeschaffene Spielzeug, wie es sich Kinder zurechtmachen oder wie Eltern und Großeltern es anfertigen. Da Spielzeug nicht zum Sammeln, sondern zum Spielen hergestellt wird, ist es be-spielt, ver-spielt worden und nur wenige Beispiele sind überliefert. Im Mittelalter stellten die zunftmäßig organisierten Handwerker Spielzeug her. „Entsprechend den Ansprüchen des Adels und des aufstrebenden Bürgertums war das von den Zünften hergestellte Spielzeug durchaus von hohem kunsthandwerklichen Wert. Es gab keine eigene Zunft der Spielzeugmacher: Bis in das 19. Jahrhundert hinein war jeder Handwerker gehalten, nur die seinem Handwerk gemäße, in der Zunftregel festgelegte Art des Materials zu verwenden, was für die Herstellung z. B. eines Puppenhauses die Gemeinschaftsarbeit von mehr als einem Dutzend Zünften bedeuten konnte. Dockenmacher, Papierdockenmacher, Holz- und Beindrechsler, Kannengießer, Gürtler, Geschmeidemacher, Flaschner, Gold- und Silberschmiede, Alabasterer, Schreiner, Weißmacher, Wißmuthmaler, Wachszieher, Messinggießer, Drechsler, Schlosser, Schellenmacher, sie alle stellten auch Spielzeug her" (Hein Retter; Seite 68).
Erst in späterer Zeit organisierten sich die Holzschnitzer in Oberammergau und Berchtesgaden in eigenen Zünften, während die Heimarbeiter im Grödner Tal und im Erzgebirge mehr oder minder unorganisiert blieben und auch aus diesem Grund ihren Arbeitgebern schutzlos ausgeliefert waren.
Im 16. Jahrhundert entwickelte sich die verkehrsgünstig gelegene Handelsstadt Nürnberg zum Mittelpunkt der Spielzeugproduktion und

des -handels in Deutschland. Die Magdeburger Schöppenchronik von 1414 erwähnt bereits „tant von Nurenberch" (Nürnberger Tand). „Mit der Ausweitung von Handel und Verkehr im 16. Jahrhundert entwickelte sich in einigen waldreichen Gebieten Thüringens und Sachsens wie auch im süddeutschen Raum eine spezifische Hausindustrie für Spielzeug, die die Bedeutung Nürnbergs als Spielzeug- und Handelsstadt noch erhöhte" (Hein Retter; Seite 69).

Oberammergau

Eines der ältesten deutschen Spielzeuggebiete ist das durch seine Passionsspiele weltbekannte Oberammergau. Im 16. Jahrhundert blühte hier die Holzschnitzkunst; eine Spezialität bildeten, wie aus den Rechnungsbüchern des Klosters Ettal hervorgeht, um 1520 Miniaturschnitzereien in der Nußschale. Wann die Spielzeugherstellung begann, ist nicht überliefert. Im 16. Jahrhundert schlossen sich die Schnitzer zu einer eigenen Zunft zusammen und gaben sich eine Ordnung. 1634, also mitten im Dreißigjährigen Krieg, gelobten die Dorfbewohner „auf ewige Zeiten, das bittere Leiden und Sterben unseres Herrn und Heilands Jesu Christi" in einem Spiel darzustellen. Das Spiel trägt den Namen ihres Dorfes in alle Welt hinaus, was sich auf den Absatz der „Oberammergauer Waar'" günstig auswirkt. In großen Handelsstätten wie St. Petersburg, Kopenhagen, Gothenburg und Drontheim entstehen Handelshäuser, die Oberammergauer Erzeugnisse vertreiben. Ihnen vorausgegangen sind die für Oberammergau und Berchtesgaden typischen „Krax'nträger" oder Hausierer, die mit Spielzeug oder anderem Schnitzwerk durch die Lande ziehen. Die Oberammergauer – und da wohl vor allem die Frauen und Mädchen – beherrschen die Kunst des Bemalens von Holzfiguren wie kaum ein anderer. Ihre Konkurrenten aus dem Grödner Tal geben für einige Jahre ihre Produkte zum Farbauftragen nach Oberammergau, bis sie diese schwierige Kunst selbst beherrschen.
In Oberammergau, wie in allen anderen Spielzeugproduktionsgebieten, begegnen wir sogenannten „Verlegern", die sich zwischen die Produzenten auf der einen Seite und die Kleinhändler, Hausierer und Käufer auf der anderen Seite schieben, als Zwischenhändler die Produktion finanzieren und den Vertrieb organisieren.
Wie in den anderen Regionen ist auch die Oberammergauer Spielzeugmacherei den Konjunkturzyklen der Wirtschaftsgeschichte ausgeliefert. Der Staat greift überall in der zweiten Hälfte des vorigen Jahrhunderts ein und errichtet Schnitz- und Spielzeugmacherschulen, um für das Gewerbe eine solide Grundlage zu schaffen.

Berchtesgaden

Auch der Ursprung der Schnitz- und Spielzeugkunst in Berchtesgaden liegt im Dunkel der Geschichte. Erste schriftliche Urkunden liegen aus dem 16. Jahrhundert vor. 1535 werden die Drechsler, Löffel- und Schindelmacher in einer „Sebastiani-Brüderschaft" zusammengeschlossen, die eine Handwerksordnung erhält und bis in die Zeit nach dem ersten Weltkrieg besteht. Bereits im 16. Jahrhundert treten Verleger und Aufkäufer auf, die im 17. und 18. Jahrhundert in vielen See- und Handelsstädten eigene Niederlagen mit „Berchtolsgadener Ware" errichten. Auch für den Vertrieb der Erzeugnisse aus dieser Gegend waren die „Krax'nträger" oder Umfahrer charakteristisch; die Verleger bedienten sich dieser

Hausierer ebenso selbstverständlich wie sie große Sendungen per Fuhrwerk oder Schiff auf die Reise schickten. Enge Berührung bestand zu der benachbarten Salzburger Stadt Hallein, die über ein eigenes Hausschnitzwesen verfügte und Berchtesgadener und Halleiner Ware in den österreichischen Erblanden und im Orient vertrieb.

Das Grödner Tal

Von Oberammergau und Berchtesgaden aus gab es enge Beziehungen nach Südtirol ins Grödner Tal. Erste Urkunden finden sich hier aus der zweiten Hälfte des 17. Jahrhunderts. Im 18. Jahrhundert breitet sich die Bild- und Spielzeugschnitzerei sprunghaft aus. Im Grödner Tal gab es keine Zünfte und Zusammenschlüsse, auch keine hausindustriellen Lohnarbeiter, hier arbeiteten ausschließlich Familien als Werkgemeinschaft zusammen und stellten oft jahrzehntelang – wie im Erzgebirge – jeweils bestimmte Arten oder Größen von Tieren oder anderen Figuren her. Während in Oberammergau Erlen- und Lindenholz und um die Mitte des 19. Jahrhunderts Ahorn, vereinzelt auch Apfel- und Birnbaum, verwendet werden, basiert die Grödener Produktion auf der Zirbelkiefer. Im benachbarten Fassatal, wo preiswerte Tiere allereinfachster Qualität erzeugt wurden, dienten Tanne und Fichte zum Schnitzen. Auch im Grödner Tal spielten Verleger für den Vertrieb der Ware die entscheidende Rolle.

Österreich

Es ist weitgehend unbekannt, daß sich in Österreich im 19. Jahrhundert an verschiedenen Orten eine Spielwarenfabrikation etablierte, so in Wien selbst, wo es auch eine Reihe gutsortierter Spielwarenhandlungen gab, die ihre Ware vor allem aus dem Grödner Tal und aus Nürnberg bezogen. Spielzeug wurde aber auch

Ensemble von Spielzeug aus Berchtesgaden (von links nach rechts)
Hühnerwagerl
Hühnersteige mit zwei, drei, vier und sechs Hühnern
Satzdockin, drei ineinander (Steckpuppe wie die bekannte russische Babuschka, die „Puppe in der Puppe", siehe Seite 21)
Grillenhaus in vier Größen, davor
Sechsspännige Hochzeitskutsche
Hühnerwagerl (Entwurf Georg Zimmermann) 1946; alle Spielzeuge: nach Vorbildern aus dem 17. und 18 Jahrhundert
Fichte, Linde, Ahorn, teils geschnitzt, gedreht und bemalt; Hühnerwagerl 21 x 7 x 14 cm, Hochzeitskutsche Länge 33 cm
„Berchtesgadener Handwerkskunst", Berchtesgaden
Im Handel erhältlich

„Berchtesgadener Handwerkskunst" lautet die Bezeichnung für einen Verkaufsladen, in dem Erzeugnisse der Handwerkskunst – auch Spielzeug – verkauft werden, die Schnitzer und Maler in der Region nach alten Vorbildern herstellen.

in Türnitz in Niederösterreich und in Viechtach in Oberösterreich hergestellt. Der vor allem als Fabrikant von Papierspielzeug bekanntgewordene Matthias Trentsensky produzierte in Wien z. B. einen Holzbaukasten, von dem eine direkte Linie über den aus Rudolstadt in Thüringen stammenden, aber in einer Wiener Niederlassung vertretenen Anker-Steinbaukasten bis zu den Matador-Konstruktionsbaukästen des Ingenieurs Korbuly führt, die es seit der Jahrhundertwende gibt und die noch heute hergestellt werden. Korbuly begann mit der Produktion in Wien und verlegte sie dann nach Pfaffstätten; ein kleines Museum in der Fabrik zeigt Beispiele aus der Geschichte dieses reizvollen Holzspielzeugs.

Thüringen

Spärlicher als über andere Gebiete fließen die Quellen über die Spielzeugproduktion in Thüringen. Holzwaren wurden hier schon vor dem Dreißigjährigen Krieg in großem Umfang produziert. Dabei wurde Ahorn-, Buchen- und Lindenholz verarbeitet, vor allem zu riesigen Mengen von Löffeln. Wir wissen aber nicht, ob damals schon Holzspielwaren dabei waren. Belegt ist die Produktion von „Degen, Pistolen, Flinten, Zeuffen, Geigen, Kegelspielen, Nuß-Beißern und Klappern, Gucke-Gucke, Schnarren und dgl. mehr" für 1735. Die vornehmlich in Sonneberg und im Meininger Oberland angesiedelte Spielwarenerzeugung begann um 1740 eigene Wege zu gehen. Aus Schwarzmehl und Leimwasser wurde ein Teig entwickelt, aus dem kleinere und größere plastische Figuren und vor allem Puppenköpfe geformt wurden. Wer diese Kunst beherrschte, wurde Bossierer genannt; seine Arbeit wurde ergänzt durch die der Maler, denen vor allem auch in Oberammergau und Berchtesgaden eine besondere Bedeutung zukam. Die Bossierer erhielten 1781 ihre eigene Zunft, daneben waren die Zünfte der Schreiner und Holzhandwerker sowie der Drechsler von Bedeutung. 1814 wurde ein neuer Rohstoff eingeführt, dessen Hauptbestandteil Kaolin war, er war beständiger als die Masse aus Mehl und Leim: das Papiermaché trat auf den Plan.
Thüringen wurde zum Hauptlieferanten für Spielpuppen, aber auch das Holzhandwerk hielt sich, z. B. in Schalkau, wo man Bauernhöfe, Menagerien, Schäfereien, Jagden, Ratschen, Schnarren und Kindergewehre herstellte. In Eisfeld spezialisierte man sich auf Wagen und Pferde sowie Schaukelpferde. Wie im Erzgebirge spielte die Wasserkraft der Gebirgsbäche für den Antrieb der Drechselbänke eine wesentliche Rolle.

Das Erzgebirge

Später als in den übrigen Gebieten entwickelte sich im Erzgebirge eine Holz- und Spielzeugproduktion. Als im 18. und 19. Jahrhundert der ehemals blühende Bergbau abzusterben begann, fanden die Gebirgsbewohner in der Herstellung von Holzwaren eine neue Erwerbsquelle. Vielerlei kam zusammen, um das Erzgebirge zum Inbegriff deutscher Spielzeug- und Weihnachtslandschaft zu machen. Holz und Wasserkraft waren genügend vorhanden, ebenso Arbeitskräfte. Dazu kam deren technische und künstlerische Erfindungsgabe, ihr Humor und ihre realistische Lebenseinstellung, die sich in ihren Erzeugnissen spiegelten. Schließlich gehören in diesen Zusammenhang als Motive erzgebirgischer Volkskunst auch die eindrucksvolle Landschaft sowie Bergbau und christlicher Glaube, die das Leben der Erzgebirgler von den ersten Tagen der Besiedelung im

12. Jahrhundert an geprägt haben. Zum Erfindungsreichtum und Fleiß der Bewohner kam die Tüchtigkeit und Umtriebigkeit der Verleger, die die Erzeugnisse der Heimindustrie bald über die Messen in Nürnberg und Leipzig in alle Welt exportierten.

Eine Besonderheit der erzgebirgischen Spielzeugproduktion stellt die Reifendreherei dar. Es gibt sie nur in Seiffen und einigen umliegenden Dörfern, die heute zu Seiffen eingemeindet sind.
Das Reifendrehen ist in der Zeit nach 1800 aufgekommen. Der erste urkundliche Beleg stammt aus dem Jahr 1810 und wurde im Stadtarchiv Dresden gefunden.
Während ein Drechsler aus dem Schnittholz (Bretter oder Bohlen) Teller schneidet, also längs aus dem Stamm, werden Reifen zum Reifendrehen aus dem Rundholz, also quer aus dem Stamm, gewonnen. Besonders eignet sich dafür das im Seiffener Raum reichlich vorhandene Fichtenholz, das in feuchtem Zustand verarbeitet wird.
Die Kunst des Reifendrehens besteht darin, aus der runden rotierenden Scheibe das Profil, und zwar meist eines Tieres, herauszuformen. Wie Stücke von einer Torte können dann mit einem scharfen Messer die einzelnen Tiergrundformen abgespalten, beschnitzt, geglättet sowie mit Hörnern und Schwänzen versehen werden, die der Reifendreher auf die gleiche Weise gewinnt; schließlich werden die kleinen Tiere einzeln bemalt.
Man muß sich diese Art der Herstellung beinahe fließbandartig vorstellen: Der Vater erarbeitet an der Drehbank die Grundform, Frau, Kinder und vielleicht auch Großvater und Großmutter bearbeiten das Spielzeug weiter, das zum Schluß zu Dutzenden zum Trocknen neben dem Ofen steht.
Im Spielzeugmuseum Seiffen ist die Arbeits- und Wohnstube einer Seiffener Spielzeugmacherfamilie im Original zu sehen. Verschiedene

Figuren aus einer Bergparade, ein Stück Eisenerz tragend
Erzgebirge; vor 1850
Geschnitzt; in verschiedenen Höhen von 7,5 bis 9,5 cm
Sammlung Ehrhardt Heinold

Die Figuren entstammen einer verschollenen Pyramide und stellen wahrscheinlich eine Marienberger Bergparade dar. Unterschiedliche Größe, verschiedene Nasenformen und Barttrachten sowie jeweils ein anderer Gesichtsausdruck geben diesen Bergleuten ihr individuelles Gepräge. Die Abbildung zeigt fünf von insgesamt 59 erhaltenen Figuren.

Spielzeugmacher haben ihre Arbeitsumwelt auch als Spielzeug nachgebildet.
Während die Verleger in Orten wie Grünhainichen, Waldkirchen und Olbernhau ihre wirtschaftliche Schlüsselstellung im vorigen Jahrhundert ausbauten, gerieten die Spielzeugmacher und Heimarbeiter immer mehr unter Preisdruck. Als besonders katastrophal werden die Zustände in den Jahren 1875 bis 1881 geschildert. Das liebenswerte Miniaturspielzeug aus dem Erzgebirge trug damals Bezeichnungen wie Schock-, Pfeng- oder Elendsviech und kam zu Schleuderpreisen in die Hände der Händler – das Schock, also 60 Stück, z. B. für ein paar Pfennige.
Die sächsische Landesregierung versuchte, durch Einrichtung einer Schule zu helfen. In etwa 50 Orten des Erzgebirges wurde zu Beginn unseres Jahrhunderts Spielzeug hergestellt, wobei die einzelnen Orte sich auf bestimmte Spielzeugformen zu spezialisieren begannen. Während im östlichen Erzgebirge das Drehen und Drechseln dominierte, breitete sich im westlichen Erzgebirge um Annaberg und Schneeberg mehr zum Eigenbedarf und als Feierabendbeschäftigung das Schnitzen aus.
Nach 1945 wurde von den Behörden der DDR das volkskünstlerische Schnitzen besonders gefördert; ausgewählte Stücke findet man im Erzgebirgsmuseum zu Schneeberg.
Neben den typischen Erzeugnissen der Spielzeugindustrie machten weitere Erzeugnisse der Dreh- und Schnitzkunst das Erzgebirge weltweit bekannt: Nußknacker, Räuchermännchen, Lichterengel, Engelkapellen, Lichterbergmänner, Leuchterspinnen, Laufleuchter, Schwibbogen sowie die Wunderwelt der Weihnachtsberge und Weihnachtspyramiden.

Hessen

Während in den Zentren der Spielzeugproduktion preiswerte Massenware hergestellt und in alle Welt verkauft wurde, gab es nach wie vor das individuelle Spielzeug, das Vater oder Großvater für Kinder oder Enkel bastelten. Mein Vater besaß mit seinem Bruder zusammen ein vom Großvater gebautes Karussell, das in einem Möbelwagen verstaut werden konnte, der die Aufschrift „Gebrüder Heinold" trug. Ein solches individuelles Einzelstück ist das auf Seite 63 abgebildete Karussell unbekannter Herkunft, das ich 1980 auf einer Auktion ersteigern konnte.
Wohlhabende Bürger ließen individuelles Spielzeug für ihre Kinder oder Enkel von ortsansässigen Handwerkern anfertigen. Zahlreich war Spielzeug dieses Typus in der reichen Handelsstadt Frankfurt am Main.
Das Buch „Spielzeug aus Frankfurter Familienbesitz" von Christa von der Marwitz zeigt zahlreiche Stücke, darunter Holzarbeiten von herausragender Qualität, wie z. B. eine von vier Pferden gezogene Bürgermeister-Kutsche von 1835, einen von zwei Pferden gezogenen „Frankfurter Omnibus" von ca. 1900 sowie eine Frankfurter „Hauptwache" aus den achtziger Jahren des vorigen Jahrhunderts.
In Hessen hat es neben handwerklicher Einzelarbeit ebenfalls eine Spielzeugproduktion nennenswerten Umfangs gegeben. Zu Ende des 18. und in der ersten Hälfte des 19. Jahrhunderts waren berufsmäßige Schnitzer in der Rhön tätig, und zwar in deren hessischem Teil (Dalherda, Gersfeld), im bayrischen Teil (Bischofsheim und Umgebung) und der thüringischen Rhön (Empfertshaus, Kaltennortheim, Oberweid).
Gerd J. Grein schreibt über die hessische Spielzeugproduktion: „Holzspielzeug wurde in Hessen von fast allen dörflichen Handwerkern

als Puppenmöbel, Puppenbetten, Kinderwiegen, Kinderstühlchen und Schaukelpferde hergestellt."
Schaukelpferde („Schockelgäul") und Spielzeugpferde mit und ohne Wagen („Odenwälder Gailchen") wurden im größeren Maße im Odenwald, und zwar im Gersprenztal und den Dörfern rund um Lichtenberg gefertigt. Angeblich von einem Horndreher Mitte des 19. Jahrhunderts eingeführt, sind die Pferde vornehmlich in Drechselarbeit hergestellt worden, denen das Schnitzen nur die letzte Form gab, danach konnte die Bemalung erfolgen.
Bei den sogenannten „Gäulchesmachern" haben wir es mit vollberuflichen Handwerkszweigen zu tun, die die Mithilfe aller Familienmitglieder erforderten. Die Männer stellten die Rohware her, die mithelfenden Frauen und Kinder nahmen die Bemalung vor. Auf einer weißen Leimfarbe, die den Untergrund darstellte, wurden die Pferde „geäpfelt" und mit aufgemaltem Zaumzeug versehen.
Eine hessische Spezialität sind die Kinderrechen aus dem Vogelsberg, der Rhön und der Schwalm. Sie waren bunt bemalt und wurden den Kindern zum Geburtstag, Namenstag oder zur Heuernte geschenkt.
Gerd J. Grein dazu: „Die Kinderrechen bilden ein echtes Zeugnis bodenständiger Volkskunst, allerdings waren sie weniger Spielzeug, sondern vielmehr verkleinerte Arbeitsgeräte, um die Kinder schon früh in den landwirtschaftlichen Produktionsprozeß eingliedern zu können."

Holzbaukasten Stadt „Betulla"
Edition Deutschland AWB, Burgstetten; 1979
Design: Bianca Stella Koltzer, Italien
Sammlung von verschiedenen bearbeiteten Nadel- und Laubhölzern. Größe: 32 x 32 x 9 cm
Sammlung Renate und Hans Jürgen Rau
Im Handel erhältlich

Der in beschränkter Serienfertigung hergestellte Baukasten dient auch didaktischen Zwecken: Anhand der 25 Teile kann der Betrachter die verschiedensten Holzarten näher kennenlernen.

Blick über die Grenzen

Es gibt gewisse archetypische Spielzeugfiguren – wie Rasseln und Klappern, einfache Holzpuppen, Vögel, Fische und Tierformen verschiedenster Art –, die wir bei fast allen Völkern und aus allen Zeiten finden. Unser Buch stellt eine Reihe solcher Formen vor.
Oft hat Spielzeug – und gerade das archetypische – eine doppelte Bedeutung; es erfüllt außer seinem Gebrauchszweck irgendeinen Zauber. Manche japanischen Spielzeuge sollen vor Kinderkrankheiten schützen, andere – wie Holzpuppen – sind Fruchtbarkeitssymbole.
Womit Kinder in China spielten, zeigt uns eine Malerei auf Seide von einem unbekannten Meister des 16. oder 17. Jahrhunderts in China mit dem schönen Titel „Die hundert Kinder". In diesen Szenen aus dem Kinderleben finden wir auch verschiedenes Holzspielzeug, zum Beispiel Steckenpferde in der uns bekannten Form: Auf dem Stecken sitzt ein naturgetreu modellierter Pferdekopf, am anderen Ende befinden sich zwei Holzräder.
In vielen Ländern verbreitet ist die Erscheinung, daß aus häuslicher Schnitzerei für den Bedarf der eigenen Kinder oder Enkel sich eine Spielzeugproduktion entwickelt. Anregend auf die Herstellung von Spielzeug haben die besonders in katholischen Ländern verbreiteten Weihnachtskrippen gewirkt. Sie sind in vielfältigen und phantasievollen Formen vor allem in Italien bekannt, weshalb die Legende sie auf den Heiligen Franziskus zurückführt. Von Krippen mit Figuren der Heiligen Familie wird aber schon in überlieferten Predigten aus der Zeit um das Jahr 400 berichtet.
In vielen europäischen Ländern fand die Weihnachtskrippe im 16. und 17. Jahrhundert eine weite Verbreitung. Es ist nur zu natürlich, daß Kinder mit den aus religiösen Motiven hergestellten Krippenfiguren zu spielen begannen und sich daraus der Gedanke entwickelte, Miniaturspielzeug ausschließlich für den kindlichen Gebrauch herzustellen.
Ein anderes religiöses Motiv, das in der Spielzeugproduktion eine große Rolle spielt, sind Archen, die dem Spielzeugmacher Gelegenheit gaben, die gesamte bekannte Tierwelt in Paaren vorzuführen. Solche Archen kamen vornehmlich aus Thüringen und dem Erzgebirge und wurden viel nach England und in die USA exportiert, wo sie auch nachgeahmt wurden. Mit den billigen Produkten der deutschen Spielzeughersteller konnte die englische Spielzeugindustrie kaum konkurrieren. Weil aber der Transport das Spielzeug erheblich verteuerte, entwickelte sich in den USA bereits in der Mitte des vorigen Jahrhunderts, oft von deutschen Auswanderern angeregt oder begründet, eine lebhafte Spielzeugindustrie. „Vom

Verschiedene Volkstypen aus Israel
Wahrscheinlich Haifa; nach 1945
Geschnitzt, bemalt; 4 cm hoch
Sammlung Juliane Metzger

Vermutlich handelt es sich um Einzelanfertigungen in Erinnerung an erzgebirgische Arbeiten.

Bürgerkrieg an bis 1900 wurden in Amerika ungeheure Mengen an Holzspielzeug hergestellt und mit buntfarbigen Lithographien und geprägten Holzteilen dekoriert. ABC-Klötze, ausgeschnitten, geprägt oder lithographiert, waren außerordentlich beliebt" (Antonia Fraser). Eines der beliebtesten und auch nach Europa exportierten Spielzeuge der USA war der Humpty-Dumpty-Zirkus von Albert Schoenhut, der zum ersten Mal 1903 verkauft wurde und etwa ein Vierteljahrhundert den US-Spielzeugmarkt beherrschte. Die Figuren waren aus Holz und wurden durch Gummibänder zusammengehalten, so daß man sie in die verschiedensten Stellungen versetzen konnte. Schoenhut stammte aus Deutschland; sein Großvater hatte dort hölzerne Puppen geschnitzt, und er selbst brachte in Amerika hölzerne Gelenkpuppen heraus.

Die britische Spielzeugindustrie hat sich erst gegen Ende des 19. Jahrhunderts in größerem Umfang entwickelt, und ihre Stärke waren Blech- und Metallspielzeuge und weniger Spielzeug aus Holz. Allerdings spielten Holz-Schaukelpferde in England eine große Rolle, und es gab dafür einige spezielle Hersteller wie George and Joseph Lines, London.

Die traditionellen großen englischen Schaukelpferde waren nur für Wohlhabende erschwinglich. Preiswertes Holzspielzeug für die Kinder der sozial schwachen Schichten wurde in Bristol und später auch in London hergestellt, stand aber, wie schon erwähnt, unter dem Konkurrenzdruck der noch preiswerteren Spielzeug-Massenware aus den deutschen Spielzeugregionen.

Im Mittelpunkt der gesamten Spielzeugliteratur steht jeweils die deutsche Spielzeugproduktion.

Das darf einem aber den Blick nicht dafür verstellen, daß es auch in anderen Ländern zum Teil ein beträchtliches Produktionsvolumen gegeben hat. Näheres über Frankreich hat z. B. M. M. Rabecq-Maillard in den Schriften des Museumsvereins Dorenburg e. V. mitgeteilt. Er gibt dort an, daß zwischen 1870 und dem Beginn des Ersten Weltkriegs in der französischen Spielzeugindustrie ein Boom vorherrschte, nennt Produktions-, Export- und Beschäftigungszahlen und verweist darauf, daß die Spielzeugfabriken allein in Paris um 1900 ca. 25.000 Arbeitern Lohn und Brot gaben.

Außerhalb dieses großen Produktionszentrums wurde in einer Anzahl von Kleinstädten und Dörfern Spielzeug unter Spezialisierung auf eines oder mehrere Stücke hergestellt.

Holzspielzeug im 20. Jahrhundert

Das höchste Ziel einer kinderfreundlichen Gesellschaft ist es, das Kind als soziales Wesen in seiner Ich-Findung zu unterstützen, in seinem Selbstvertrauen zu bestärken.
Ingeborg Weber-Kellermann

Im 20. Jahrhundert haben andere Werkstoffe als Holz, wie Metalle verschiedener Art, Linol- und Elastolinmasse, Zelluloid und nach dem Zweiten Weltkrieg vornehmlich Kunststoffe die Spielzeugproduktion bestimmt. Das Holzspielzeug hat sich aber auf dem Markt und in den Kinderstuben behauptet und wurde von einer Reihe pädagogischer Impulse aus der Reformpädagogik und der Waldorfpädagogik ausdrücklich gefördert.
Zu Anfang unseres Jahrhunderts trugen künstlerische Reformbewegungen dazu bei, dem Holzspielzeug eine neue Rolle zuzuweisen.
Ein Zentrum solcher reformatorischer Bewegungen um das Spielzeug war Hessen. So bemühte sich Professor C. Sutter, der auf Burg Breuberg bei Neustadt im Odenwald wohnte, um eine geschmacklich hochstehende Spielzeugproduktion. Er stellte 1908 auf der Darmstädter Gewerbeausstellung künstlerisch gestaltetes, hochwertiges Holzspielzeug aus und erzielte damit einen großen Erfolg. In Niedernhausen im Odenwald und in Pfungstadt fertigten Drechsler nach seinen Vorlagen die Stücke. Im Vogelsberg war man zu dieser Zeit nach den Entwürfen von Como, J. Arras, H. Pfeifer und Daniel Greiner tätig. Vogelsberger Holzspielzeug entstand z. B. in der Dreherei Baumbach in Bermuthshain. Eine „Vereinigung zur Förderung der Künste" in Jugenheim empfahl als Weihnachtsgeschenk Holzspielwaren aus der Rhön.
Bei diesen Förderungsmaßnahmen spielten zwei Beweggründe zusammen: Ein geschmacksbildnerischer Impuls und der Versuch, wirtschaftlich unterentwickelten Gebieten eine solide gewerbliche Grundlage zu verschaffen. Schon bei der Einrichtung staatlicher Schnitzschulen zum Ausgang des vorigen Jahrhunderts hatten diese beiden Bestrebungen zusammengewirkt.
Ein weiterer Name in diesem Zusammenhang ist Friedrich Ulrich, der am 17. 7. 1901 in Fürth/Bayern geboren wurde und in den zwanziger Jahren, zeitweise als deren Leiter, an der Kunstgewerbeschule Neustadt bei Coburg tätig war. Er betrachtete sich als Anhänger des Bauhauses und arbeitete als Künstler aus dessen Geist heraus, auch beim Entwurf von künstlerischem Holzspielzeug.
Ein Zentrum reformerischer Bemühungen um das Holzspielzeug war die Gartenstadt Hellerau bei Dresden,

Schaukelpferd „Relko-Pferd"
Newton Abbot/Devon, North Bovey (England); Gegenwart
Aus hochwertigen Lagehölzern geschliffen und geschnitzt. Sattel und Zaumzeug sind aus Leder, Mähne und Schweif aus echtem Roßhaar. Kopfhöhe 80 cm; 120 cm; 150 cm, 165 cm
Sammlung Renate und Hans Jürgen Rau
Im Handel erhältlich

Die Oberfläche der handgefertigten Schaukelpferde ist mit einem Spezial-Isolierlack behandelt. Ganz besondere Festigkeit wird durch die Schichtholzbauweise erreicht, die auch bewirkt, daß die Spielzeugtiere unempfindlich gegen klimatische Unterschiede und Veränderungen der Luftfeuchtigkeit sind. Sattel- und Zaumzeug in originaler Sattlerverarbeitung. Die Pferde sind auf Kufen oder auf einem Holz-Sicherheitsständer montiert.

Selbstdarstellung im Spielzeug
Links: Reifendreher
Günter Heidenreich, Seiffen/Erzgebirge; um 1975
Verschiedene Holzarten, Körper des Arbeiters aus gedrehten Teilen; 11,5 x 9 cm

Hier wird erklärt, wie der Reifendreher seine Spielsachen herstellt. Als logische Fortsetzung gehört der Tierschnitzer am Klemmbock dazu.
Im Handel erhältlich

Rechts: Tierschnitzer
Günter Heidenreich, Seiffen/Erzgebirge; um 1975
Verschiedene Holzarten; 11 x 8 cm

Hier wird gezeigt, wie der Spielzeugschnitzer arbeitet. Der Klemmbock (heute nur noch in Museen anzutreffen) stellt eine ganz raffinierte „Schnelleinspannwerkbank" dar. Mit dem Fuß wird die Klemme heruntergedrückt und das Werkstück so festgehalten. Mit dem ebenfalls heute nicht mehr so gebräuchlichem zweihändigem Schnitzmesser werden die groben Stücke zugeschnitzt.
Beide Objekte: Sammlung Christoph P. Grauwiller

die ein Vorort der Lebensreformbewegung und einer der beiden Ursprungsorte der „Deutschen Werkstätten" war. Hier betrieb der Deutsche Werkbund eine „Versandstelle für gutes Holzspielzeug".
Von 1918 bis 1934 und von 1946 bis 1949 wirkte der Holzbildhauer Th. Artur Winde als Hochschullehrer in Dresden. Aus der Verbindung zur erzgebirgischen Volkskunst heraus gab er der Spielzeugmacherei neue Impulse. „In vielen seiner Schöpfungen für das kindhafte Spiel identifizierte sich Winde mit der Anonymität einfacher Volksformen des Erzgebirges, um zugleich nach den rationalen Elementen Ausschau zu halten, auf denen sich neue Formexperimente gründen ließen. Er fand, daß sich aus einem hölzernen, diskusförmigen Drehkörper ein grotesker Plattfisch machen ließ; halbiert ergab diese Form zwei Rohlinge für ein Igelpärchen und geviertelt entstand daraus ein Froschquartett. Andere Tierformen bannte Winde mit ihren Umrissen in profilierte Leisten, von denen die Rohlinge abgesägt werden konnten; dem Prinzip des Abspaltens vom gedrehten Reifen ähnelnd" (Helmut Flade; Seite 369).
Windes Arbeit und die des Dresdner Künstlers Reinhold Langner – der kurz vor seinem Tod 1957 ein lesenswertes Buch über „Neue Schnitzarbeiten aus dem Erzgebirge" geschrieben hat – wurden zur Grundlage der „Dresdner Schule" der Holzbildhauerei. Deren namhafte Vertreter sind heute die hierzulande leider viel zuwenig bekannten Holzbildhauer Lüder Baier und Hans Brockhage. So schließt sich der Ring: Von der Volkskunst und dem Kunstgewerbe führt der Weg zu Meisterwerken der bildenden Kunst.
Holzspielzeug gehört untrennbar zur Volkskunst, auch heute noch und in allen Ländern. Produktion von Holzspielzeug, so sehr sie für Massenmärkte bestimmt war, ist in allen

Spielzeuggebieten eine jeweils regional und individuell geprägte Produktion gewesen. Das verleiht selbst dem in Massen auftretenden Holzspielzeug wie dem erzgebirgischen „Schockvieh" seinen eigenen, unverwechselbaren Charakter.
In den traditionellen Spielzeugproduktionsgebieten der DDR, also im ehemaligen Thüringen und ehemaligen Sachsen, wird noch heute Holzspielzeug in größerem Umfang hergestellt. Es kommt so gut wie ausschließlich in den Export und stellt eine wichtige Einnahmequelle der DDR dar.
In Oberammergau, Berchtesgaden und dem Grödner Tal sind es kleinere Handwerksbetriebe, die, auf der Tradition fußend, heute noch Holzspielzeug hervorbringen. Vornehmlich aus dem Erzgebirge stammende mittelständische Produktionsbetriebe haben sich in verschiedenen Gegenden der Bundesrepublik angesiedelt und produzieren, entweder nach historischen Formen oder im modernen Design, qualitätvolles Holzspielzeug. Nicht alles, was sich als erzgebirgische Ware ausgibt, kommt aus dem Erzgebirge oder solchen aus dem Erzgebirge stammenden Betrieben. Findige Produzenten lassen Massenware preiswert in Hongkong oder anderen Billig-Ländern herstellen. Wer original erzgebirgisches Spielzeug sammeln möchte, sollte auf den Herkunftsvermerk achten.
Eine Reihe von Beispielen aus jüngster Zeit, die der Bildteil dieses Buches vorstellt, kommen aus verschiedenen Ländern dieser Erde, zum Teil aus Entwicklungsländern. Über die Produktionsbedingungen dieser Spielwaren ist mir nichts bekannt; es ist aber anzunehmen, daß sie ähnlich denen in den deutschen Spielzeugregionen in früheren Jahrzehnten sind. So schließt sich der Kreis. Holzspielzeug ist ebenso zeitlos wie zeitgebunden. Das verbindet die ältesten mit den jüngsten Beispielen im folgenden Bildteil.

Marktstand mit Spielzeug-Miniaturen
Collection Antique, Bodo Hennig Puppenmöbel GmbH, Wildpoldsried im Allgäu; 1980 nach alten Vorbildern
Marktstand aus Birkensperrholz mit Stoffdach, 23 x 14 x 20 cm; Miniaturen aus Ahornholz gedrechselt und handbemalt, ca. 4 cm groß
Sammlung Renate und Hans Jürgen Rau
Im Handel erhältlich

Die Miniaturen der „Collection Antique", die von vier Spielzeugherstellern gemeinsam herausgebracht wird, wollen traditionelle Spielzeugmotive lebendig erhalten.

Urspielzeug und Erstes Spielzeug

Spielzeuge kennt jeder von uns, „aber es bleibt schwierig zu sagen, was ein Spielzeug ist ... Das Menschenspiel braucht Spielzeuge. Der Mensch kann gerade in seinen wesenhaften Grundhandlungen nicht frei von den Dingen bleiben, er ist auf sie angewiesen: In der Arbeit auf den Hammer, in der Herrschaft auf das Schwert, in der Liebe auf das Lager, in der Dichtung auf die Leier, in der Religion auf den Opferstein – und im Spiel auf das Spielzeug. Jedes Spielzeug ist Stellvertretung aller Dinge überhaupt; das Spielen ist immer eine Auseinandersetzung mit dem Sein." So der deutsche Philosoph Eugen Fink. Im Anfang des Spielzeuges waren die Dinge, die Kinder und Erwachsene vorfanden: Steine, Aststücke, Holzblöcke; dann half das Schnitzmesser nach, und es entstanden Figuren, wie sie unsere Abbildungen zeigen: der Fuchs und das Reh, ein Mann, der die

Altes Spielzeug aus Wurzeln und Ästen
Zeitlose Werke aus verschiedenen Baumarten
Hahn: Höhe 30 cm, sitzender Mann: Höhe ca. 10 cm, Fuchs: Länge ca. 40 cm
Schausammlung Altonaer Museum, Hamburg

Arme hebt, der Vogel Strauß, die Kuh, aus der mit Hilfe eines Bindfadens ein erstes Nachziehspielzeug wird. Auch die archetypische Form des Pferdes ist in so manchem Holzspielzeug enthalten (siehe Seite 36 und 37) und natürlich die Grundform der Puppe. Holz ist Leben. Gerade die einfachen Grundformen zeigen, welch organisches Spielzeug zu allen Zeiten und bei allen Völkern aus diesem Werkstoff entsteht. Es bedarf nur des richtigen Sehens und der geschickten Hand, um die Urform kunstvoll weiterzuentwickeln. Axt und Beil zur Holzbearbeitung gehörten zu den wichtigsten Arbeitsgeräten des Steinzeitmenschen. „In jungsteinzeitlichen Kindergräbern, unweit der Stadt Gera, blieben winzige Klingen von Kinderäxten…erhalten. Auf Grund ihrer leichten, grazil sich biegenden Form konnten sich Kinder im zielsicheren Schlagwirbel üben" (Flade).

Stier und Kuh
Schweiz; um 1900
Geschnitzt, unbemalt; Stier: 31 x 15 x 22 cm;
Kuh: 15 x 6 x 8 cm
Schweizerisches Museum für Volkskunde, Basel, Dorfmuseum Riehen

Holzpferde
Einzelstücke, möglicherweise aus Deutschland oder aus dem skandinavischen Raum; 19. Jahrhundert oder 1. Hälfte 20. Jahrhundert
Weichholz, geschnitzt und bemalt; vorderes Pferd: 23,5 x 8 cm, hinteres Pferd 19,5 x 14,5 cm
Niederrheinisches Museum für Volkskunde und Kulturgeschichte, Sammlung Metzger, Kevelaer

Maultier mit Geräten zur Milchwirtschaft
Adrien Favre, Italien; um 1900
Geschnitzt, unbemalt; Länge 18 cm
Schweizerisches Museum für Volkskunde, Basel, Dorfmuseum Riehen

Abbildung Seite 39
„Storchenreiter" (Storch mit Kindelbringer)
Erzgebirge; 2. Hälfte 19. Jahrhundert
Bemalt, Babys in Papier gewickelt;
16 x 20 cm
Spielzeugmuseum der Stadt Nürnberg,
Museum Lydia Bayer

Fahrspielzeug auf vier Rädern. Auf einem Storch reitender „Kindelbringer" mit Wickelkindern in der Kiepe, an den Beinen und am Zügel. Das Schwanzende des Storches verschließt einen Hohlraum, in dem sich bei früheren Exemplaren noch ein Baby, bei späteren Stücken ein Schüsselchen, ein Töpfchen und ein weiteres Wickelkind befinden. Nachbildungen dieses alten Motivs etwa in Originalgröße werden wieder in der DDR angefertigt. Als Miniatur ist der „Storchenreiter" im Handel erhältlich.

Babyspielzeug
Entwurf: Hugo Kükelhaus, Soest; 1936
Fertigung um 1980 durch Meistergilde, Möhnesee
Verschiedene Holzarten in kunsthandwerklicher Drechslerarbeit, Größe 7 bis 10 cm
Sammlung Renate und Hans Jürgen Rau
Im Handel erhältlich

Diese Spielzeuge für Kleinstkinder erhielten folgende Auszeichnungen: Weltausstellung Brüssel 1958, Bundespreis „Gute Form" 1971.

Der Psychologe und Künstler Hugo Kükelhaus (geb. 1906) hat aus Urformen ein Spielzeug entwickelt, für das er die Begriffe „Greiflinge" und „Allbedeut" geprägt hat. Diese Greiflinge sprechen in harmonischer, kindgerechter Form die noch im Kinde schlummernden Sinne und Fähigkeiten an. Das Kind lernt an ihnen nicht nur tasten und ergreifen; durch die vielen warmen Holztöne wird das Auge angesprochen, und dem Ohr werden zahlreiche Geräusche geboten, deren Intensität das Kind selbst bestimmen kann. Stets neue Formen und Bewegungsabläufe fördern die Beobachtungsgabe.

Neben dem Spielzweck ist vielem Spielzeug auch eine weitere, eine magische Bedeutung eigen (siehe Seite 28). Der erzgebirgische Storchenreiter ist ein Beispiel dafür: Er wurde nicht nur als Nachziehspielzeug benutzt, sondern ist auch ein Glücks- und Fruchtbarkeitssymbol.

Kinder werden durch das Material Holz schöpferisch angeregt, wie die Bildbeispiele auf Seite 40 zeigen. Aus Kisten- und Brettabfällen entstanden phantasievoll gestaltete Fahrzeuge. Designer und Künstler der Gegenwart, wie Valentin Luzzi, versuchen, aus dem Geist kindlicher Kreativität heraus einfaches, natürliches Spielzeug zu schaffen. Dabei tritt eine enge Verwandtschaft mit Schnitzereien aus dem bäuerlichen Umkreis zutage.

Verschiedene Fahrzeuge
Einzelstücke, hergestellt von Kindern im Alter von vier bis sechs Jahren; 1980
Verschiedene Bretter, zum Beispiel von alten Obststeigen; Länge bis zu 25 cm
Sammlung Renate und Hans Jürgen Rau

Das große Fahrzeug im Hintergrund entstand in der Kinderwerkstatt „Lokomotive" in Dreieichenhain (siehe auch Seite 48). Die übrigen Fahrzeuge wurden von Kindern in Peru hergestellt.

Puppen
Paul Freiburghaus, Oberdiesbach bei Bern (Schweiz); 1956, 1958, 1960
Tanne und Linde, geschnitzt, unbemalt, die mittlere Figur trägt ein Leinenkleid; von links: Höhe 33 cm, 45 cm, 30 cm

Der Maler und Bildhauer Paul Freiburghaus schuf diese Figuren jeweils zur Geburt seiner Kinder. Die Figuren sind Unikate und befinden sich im Besitz des Künstlers.

Kuhgespannschlitten
Valentin Luzzi, Graubünden (Schweiz); 1980
Avernholz, geschnitzt, unbemalt; Länge 29 cm
Sammlung Renate und Hans Jürgen Rau
Kühe im Vorder- und Hintergrund: Bauernarbeit (Schweiz); 20. Jahrhundert
Geschnitzt, natur; 8 x 14 cm
Sammlung Juliane Metzger

Das Schlittengespann ist im Handel auch als Heuschlitten erhältlich

Wie kunstvoll und schlicht zugleich Spielzeug aus Holz sein kann, beweist das Puzzle des Italieners Enzo Mari, das überdies das alte Spielzeugmotiv der Arche Noah neu aufgreift (siehe Seite 28).
Zu den ältesten Spielzeugen gehört das Steckenpferd. Es ist schon aus Griechenland und dann in vielen Beispielen aus dem Mittelalter bezeugt. Wir finden es in einem französischen Stundenbuch aus dem 15. Jahrhundert und einer flämischen Handschrift aus der gleichen Zeit ebenso abgebildet wie auf einer Malerei auf Seide von einem unbekannten chinesischen Meister des 16. oder 17. Jahrhunderts mit dem Titel „Die hundert Kinder". Der französische Schriftsteller François Rabelais (um 1494–1553) erzählte um 1535 von den Steckenpferden des Gargantua: „Damit er all' sein Lebtag ein guter Reiter wär, macht man ihm ein schönes großes Pferd von Holz: das ließ er paradieren, tummeln, wenden, sprengen, tänzeln, alles zugleich, im Schritt, im Trott, im Mittelschritt, Galopp, Paß, Hoppas, im Kleppergang, im Kameltrott, Harttrab, Waldeseltritt, und alle Augenblicke war es von anderer Farbe, wie das priesterliche Meßgewand je nach den Festtagen: braun, fuchsrot, apfelgrau, rattenfarb, hirschhaar, rotschimmel, kühlfahl, scheckigt, weiß".

Arche Noah als Puzzle
Design: Enzo Mari, (Italien)
Hersteller: Architektur und Wohnbedarf GmbH, Burgstetten; ca. 1975
Aus einem Holzstück gesägt; Länge ca. 24 cm an der längsten Stelle, Höhe 3 cm
Sammlung Renate und Hans Jürgen Rau

Dieses Tierpuzzle, von dem es auch ein Gegenstück mit Meerestieren gibt, wird heute in vorbildlicher Weise in Kunststoff gespritzt und ist im Handel erhältlich. Die Ausführung in Holz ist ein sehr gesuchtes Sammlerobjekt.

Kuh
Schweiz; um 1900
Geschnitzt, unbemalt; Länge 31,5 cm
Schweizerisches Museum für Volkskunde,
Basel, Dorfmuseum Riehen

Steckenpferde
Heimindustrie Berchtesgaden sowie Erzgebirge; 1. Hälfte 20. Jahrhundert
Weichholz, geschnitzt, gedrechselt, bemalt; 15 x 15 cm
Niederrheinisches Museum für Volkskunde und Kulturgeschichte, Sammlung Metzger, Kevelaer

Puppen

Zur Gruppe der ältesten Spielzeuge zählen die Holzpuppen oder Docken. Auch dieses Spielzeug hat oft eine doppelte Bedeutung. „Die hölzernen Babypuppen, die aus Nord-Japan stammen, wurden von kinderlosen Frauen auf den Altar eines Tempels gelegt, als Opfergabe an die Göttin der Fruchtbarkeit. Ebenso nehmen die Mädchen mancher afrikanischer Stämme ihre Puppen mit ehrfürchtiger Sorgfalt in ihr späteres Leben mit als Sinnbild der Kinder, die sie gerne haben möchten. Nirgends tritt die allgemeine Verbreitung von Spielzeug mehr in Erscheinung als bei der Geschichte des Volksspielzeuges, wenn man es nicht nur im Längsschnitt durch die Jahrtausende verfolgt, sondern auch im Querschnitt über die Länder der Welt" (Antonia Fraser). Puppen dienten aber auch immer wieder dazu, Mädchen in ihre geschlechtsspezifische Rolle als Hausfrau und Mutter einzuüben. Die unten abgebildeten böhmischen Docken zum Beispiel stellen Mütter mit Wickelkindern, butterstampfende Haus- oder Bauersfrauen und feine Damen dar.

Vielfältig sind die Versuche, Puppen beweglich zu machen, damit sie Leben nachspielen können. Beispiele zeigen die Seiten 48 und 49. Eines der bekanntesten und beliebtesten Spielzeuge ist die in großen Stückzahlen exportierte „Puppe in der Puppe" aus der UdSSR: Puppen zum Öffnen, in denen jeweils eine weitere, kleinere Puppe steckt (siehe Seite 21).

Böhmische Docken
Böhmische Hausindustrie, Böhmen, heutige CSSR; 19. Jahrhundert
Gedrechselt und bemalt; Höhe 16 bis 20 cm
Salzburger Museum Carolino Augusteum/ Sammlung Folk, Salzburg

Die Puppen mit dem Butterfaß und die mit den Wickelkindern lassen sich über einen Schnürzug bewegen.

Abbildung Seite 47:
Gedrechselte Puppen
Japan, Heimindustrie; 1. Hälfte 20. Jahrhundert
Hartholz, gedrechselt, bemalt; Größe von links nach rechts: Höhe 18 cm, 21,5 cm, 30 cm, 14,5 cm, 24 cm, 18 cm
Niederrheinisches Museum für Volkskunde und Kulturgeschichte, Sammlung Metzger, Kevelaer

Puppen
vermutlich aus dem Grödner Tal; 19. Jahrhundert bis 1914
Weiches Holz, geschnitzt, naturbelassen, Kopf und Glieder bemalt, Glieder beweglich; große Puppen: Höhe 28 cm; kleine Puppe: Höhe 17 cm
Niederrheinisches Museum für Volkskunde und Kulturgeschichte, Sammlung Metzger, Kevelaer

Von diesen Puppen wurden schon um 1800 jährlich ca. 10.000 in verschiedenen Spielzeugregionen angefertigt und als „Dutch Dolls" über Holland nach den USA verschifft, wo sie häufig imitiert wurden. Im Antiquitätenhandel in England sind solche Puppen auch heute noch gelegentlich zu finden (siehe auch S. 21).

Marionette (links) und Docke/Stabpuppe (rechts)
Einzelstücke. Klaus Winter, Dreieichenhain; 1973
Balsaholz, geschnitzt und mit Tempera bemalt und lackiert; Marionette: Höhe 26 cm, Docke: Höhe 20 cm
Kinderwerkstatt „Lokomotive", Dreieichenhain (siehe auch Seite 40)

Der Maler und Designer Klaus Winter hat diese Figuren für seine Tochter geschnitzt und bemalt. Der Künstler leitet mit seiner Frau die Kinderwerkstatt Lokomotive in Dreieichenhain. Die Arbeit dieser Werkstatt wurde dokumentiert in dem Insel-Taschenbuch „Kinderbahnhof Lokomotive".

Tägliches Leben

Leben nachzuspielen – dies ist sicher ein Hauptzweck des Spielzeugs überhaupt. Das Kind ahmt das Tun der Großen nach, um in die Welt der Erwachsenen hineinzukommen, und sein Spielzeug spiegelt in vielfältiger Form das Leben der jeweiligen Zeit. Deswegen sind zum Beispiel Puppenhäuser ergiebige Quellen für kulturgeschichtliche Studien zum Alltagsleben einer Epoche.
Nur in unserer Zeit der funktionalen Möbel konnte z.B. das Puppenstubenpuzzle von Erich Pollack entstehen: Eine Zimmereinrichtung, die zu einem Holzblock zusammengesetzt werden kann (siehe unten).
Holzformen in der Küche sind so zeitlos, urtümlich und schön, daß ohne Stilbruch Holzgeschirr aus Italien, Polen und China miteinander kombiniert werden kann, wie nebenstehende Abbildung zeigt.
Auf den Seiten 52 und 53 wird gezeigt, wie Menschen mit den Dingen des Alltags umgehen: Damen, die Schirme und Taschen tragen, Frauen, die ihre Waren in der klassischen Haltung auf dem Kopf zum Markte tragen; schließlich der Markt selbst mit seinem vielfältigen Angebot an Lebensmitteln, dazu Verkäuferinnen und Käufer.
Wie sehr Spielzeug dazu diente und auch heute noch dient, die Rolle der Kinder in der bürgerlichen Umwelt festzulegen, hat Ingeborg Weber-Kellermann in ihrem Buch „Die Kindheit" beschrieben:

Puppenstuben-Puzzle
Erich Pollack, Wien; 1. Hälfte 20. Jahrhundert
Verschiedene Hölzer, naturbelassen, Laubsägearbeit; 7,5 x 4 x 4 cm in zusammengebautem Zustand (links)
Ein Original des Puzzles befindet sich beim Hersteller, weitere Exemplare in verschiedenen Spielzeugmuseen.
Sammlung Renate und Hans Jürgen Rau
Im Handel erhältlich

Die einzelnen Teile ergeben einen Tisch, zwei Stühle, zwei Hocker, ein Bett oder Sofa mit zwei Polstern. Die Teile können als Puppenmöbel oder als Puzzle verwendet werden.

„Die Rollenfixierung durch Spielzeug für Knaben und Mädchen ist leicht einsehbar: Auf der einen Seite Baukästen und Dampfmaschinen, Ritterburg und Zinnsoldatenarmeen, Helm und Gewehr, Trommel und Pferd; auf der anderen Seite Puppen, Puppenstuben und Puppenhäuser, Puppenherd und Kochgeschirr, Service aus Porzellan und Zinn, Nähmaschinen und Bügeleisen. Daraus lassen sich unschwer die Tugendkataloge ablesen, in deren Rahmen die Kindererziehung verlief.
Mit besonderer Genauigkeit läßt sich für Mädchen der Code der Puppenstuben und Puppenhäuser entschlüsseln.
Das elterliche Haus mit all seinen Einzelheiten konnte vom Keller bis zum Dachboden nachgebildet und jeder Gegenstand im kleinen wiederholt werden."

Küche und Küchengeschirr
Firma Sevi, Südtirol; Gegenwart
Geschirr auf dem Schrank: Volksrepublik China; Gegenwart
Gedrechseltes, rohes Holz; Höhe des Schrankes 15,5 cm
An der Wand: Küchengeräte aus Polen; Gegenwart
geschnitzt, natur
Sammlung Renate und Hans Jürgen Rau
Im Handel erhältlich

Frauen auf dem Markt
Viechtauer Heimindustrie, Viechtau
(Oberösterreich); 19. Jahrhundert
Gedrechselt, geschnitzt und bemalt;
ca. 16 cm hoch
Salzburger Museum Carolino Augusteum/
Sammlung Folk, Salzburg

Markt
Erzgebirge; Mitte 19. Jahrhundert
Bemalt; 30 x 6 cm
Spielzeugmuseum der Stadt Nürnberg,
Museum Lydia Bayer

Im erzgebirgischen Miniaturspielzeug spiegelte sich das Leben der Gebirgsbewohner. Märkte spielten in einer Zeit ohne das dichte Einzelhandels- und Supermarktnetz, das wir gewohnt sind, eine zentrale Rolle, übrigens auch als Verkaufsort für Spielzeug aller Art. Deshalb finden sich in Sammlungen und Museen auch viele hübsche Marktszenen.

„Tanzpüppchen" oder „Borstentänzer"
Sonneberg/Thüringen; 19. Jahrhundert
Körper gedrechselt, bemalt, Köpfe aus Teig geformt; Höhe 4 bis 6 cm
Privates Museum Erzgebirgischer Volkskunst Eberhard Werkner

Es gibt zwei Arten von Tanzpüppchen: Musikanten mit Saiteninstrumenten, männlich und weiblich, meistens in Trachten, sowie Tanzpaare, an der Kleidung als niederen oder höheren gesellschaftlichen Ranges erkennbar. Diese Tanzpüppchen stehen auf Schweinsborsten. Man stellte sie gern auf Klaviere oder Konzertflügel; beim Spielen des Instrumentes übertrugen sich die Schwingungen auf die Figuren, und sie begannen sich zu bewegen.

Holz ist ja nicht nur zum Betasten, Begreifen und Anschauen da; als Rassel spricht es ebenso zum Ohr wie als Holzblasinstrument. So ist es nur zu natürlich, daß immer wieder in der Spielzeuggeschichte Musikanten als Holzfiguren auftreten. Besonders originell sind die Tanzpüppchen, die sich beim Spielen von Klavieren bewegten. Man muß sich dazu vorstellen, daß früher Dielenbretter ins Schwingen gerieten, wenn man sie betrat, auch solche Schwingungen übertrugen sich auf die Tanzpüppchen, die so eine „stille Musik" erzeugten.
Die Dorfkapelle, die im Biergarten spielte – in unserem Bild rechts unter einem Taubenschlag – ist ein beliebtes Motiv erzgebirgischer „Männelmacher". Es gibt solche Musikanten ebenso als sitzende wie als stehende Figuren.
Die Musikanten sind nur eine Sonderform dieser gedrechselten erzgebirgischen Spezialität. Heute, und schon seit längeren Jahren, gibt es sie nur noch in den zwei Grundformen des Mannes und der Frau, wie wir sie am Spielwarenstand auf Seite 57 sehen. Früher wurden zahlreiche Berufe in dieser Miniaturform dargestellt, zum Beispiel Stationsvorsteher und Schaffner, Reisender, Polizist, Sanitäter, Arzt, Krankenschwester, Pfarrer und Fotografen; es gab auch Wandervögel mit Gitarre und Schulkinder. Noch einmal in die Welt des Marktes führen uns die Abbildungen auf den Seiten 56 und 57. Da sind in

Musikanten, auf Stühlen unter einem Taubenschlag sitzend
Seiffen/Erzgebirge; 1. Hälfte 20. Jahrhundert
Gedrechselt, geschnitzt und bemalt; Instrumente: Draht und Holz; Taubenschlag: Höhe 7,1 cm; Stühle: Höhe 2,5 cm; Figuren: Höhe 3,1 cm
Sammlung Ehrhardt Heinhold

Musikanten, Stühle und Taubenschlag sind wahrscheinlich verschiedener Herkunft, kommen aber wohl alle aus der Seiffener Heimindustrie und wurden etwa zur gleichen Zeit hergestellt.

liebevoller, detailgetreuer Nachbildung zu sehen: Nudelholz und Quirl, Mehlfäßlein und Holzbrett, Schöpfkelle und Gefäße jeder Art: all die Gerätschaften, deren einfache Schönheit wir erst heute zu schätzen wissen, da Massenware aus Kunststoff sie verdrängt hat. Am Spielwarenstand wird feilgeboten, was Kinderherzen im vorigen und zu Beginn unseres Jahrhunderts erfreute: Tiere, Mini-Puppen, ein frühes Auto, eine Mini-Arche, ein Nachziehpferd, eine Spanschachtel, Musikinstrumente und vieles mehr. Blättern wir weiter und betrachten die Blumen und Figurenwelt auf den Seiten 58 und 59: Die dem Erzgebirgler eigene Liebe und Treue zum Detail schuf Genre-Bilder von bezaubernder Biederkeit.

Verkaufstand für Holzwaren
Einzelstücke verschiedener Herkunft (vorwiegend aus dem Erzgebirge und aus der Gottschee, Jugoslawien) wurden hier zu einem hübschen Ensemble zusammengetragen. Im Vordergrund Grödner Holzdocken.
Der Holzwaren-Stand ist Teil einer Nachbildung der Basler Herbstmesse; um 1910
Die unbemalten Gebrauchsgeräte und Küferwaren sind teils gedrechselt, teils geschnitzt; Höhe des Marktstandes: 30 cm
Schweizerisches Museum für Volkskunde Basel, Dorfmuseum Riehen

Spielwaren-Standl
Von Gabriele Folk aus Miniaturspielsachen des 19. und 20. Jahrhunderts, aus verschiedenen Holzspielwaren-Herstellungszentren stammend, zusammengestellt. Die Verkäuferin ist zum Beispiel eine bekleidete Grödner Holzdocke. (siehe hierzu auch Seite 21 und 49).
Standl-Höhe: ca. 25 cm
Salzburger Museum Carolino Augusteum/Sammlung Folk, Salzburg

Gärtnerei
Erzgebirge; um 1920
Holz, Papierblumen, Luffabäume; bemalt, bzw. gefärbt; Höhe des Hauses in der Mitte: 6 cm, Höhe des Mauerpfeilers hinten rechts: 3 cm, Höhe des Gärtners mit Gießkanne: 4,2 cm
Sammlung Ehrhardt Heinold

Das Ensemble gewinnt seinen besonderen Reiz durch die Miniaturpapierblumen und die ergänzenden Luffabäume. Der vierte Baum von links zum Beispiel ist in verschiedenen Tönen eingefärbt, um herbstliche Laubveränderung nachzuahmen. Luffabäume gehören ebenso wie gedrehte Spanbäume zum erzgebirgischen Spielzeug. Luffa wird aus den Früchten der tropischen Schwammgurken gewonnen und dient als Schwamm, Fußmatte und eben für Spielzeugbäume.

Blumenstand mit drei alten Damen und Hunden
Blumenstand und Damen von Günter und Erich Leichsenring; um 1980; Hunde von Bruno Enzmann, um 1969; beide Seiffen/ Erzgebirge
Verschiedene Holzarten; die größte Dame ist 10,7 cm, die kleinste Dame 8,0 cm hoch. Die Hunde sind 2,6 cm lang, 2,2 cm hoch und 8 mm dick. Blumenstand und alte Damen werden noch für den Export hergestellt, Blumen sind selten
Sammlung Christoph P. Grauwiller

Ein schönes Beispiel von gedrehtem Spielzeug (gedreht = gedrechselt). Töpfe und Blumen sind auch gedrechselt. Dabei wird der Span nicht ganz weggeschnitten. Diese Spanreste bilden die Blütenblätter.

Stadt
Seiffen/Erzgebirge; um 1900
Geschnitzt, gedrechselt und bemalt;
Länge 200 cm, Breite 100 cm
Schweizerisches Museum für Volkskunde, Basel, Dorfmuseum Riehen

Das Ensemble, von dem hier ein Ausschnitt gezeigt wird, umfaßt etwa 1000 Einzelteile und ist 100 x 200 cm groß.

Wie reizvoll die Welt des erzgebirgischen Miniaturspielzeuges ist, zeigt uns auch dieses Ensemble mit Kirche und Häuserzeilen, Gebäuden unterschiedlicher Art, mit Pferdegespann und mit einem Markt als Mittelpunkt, auf dem die verschiedensten Verkaufsstände zu sehen sind.

Jedes Detail ist liebevoll ausgearbeitet, bis hin zu den Straßenlaternen. Vor der Kirche fährt gerade eine Hochzeitskutsche vor und ein Brautzug nähert sich zu Fuß von rechts. Neben Spanbäumen sind auch hier Luffabäume zu sehen.

Mit welchem Humor die erzgebirgischen Spielzeugmacher zu Werke gingen, belegt das „Schwimm-, Luft- und Sonnenbad", bei dem die Figuren realistisch zur Hälfte ins Wasser getaucht sind.

Lebensfreude spricht aus den beiden Karussell-Modellen auf den Seiten 62 und 63: Einzelstücke, in liebevoller Bastelarbeit für Kinder oder Enkel angefertigt, beleuchtbar und beweglich.

Ebenso wie die Welt der Märkte und Jahrmärkte hat der Zirkus Spielzeugmacher und spielende Kinder immer wieder beschäftigt. Auf Seite 64 finden wir ein schönes, bewegliches Zirkuspferd, auf Seite 65 einen ganzen Zirkus mit sitzenden und mit stehenden Figuren und einem imponierenden Zirkusdirektor, der als Dompteur auftritt. Der ganze Zauber erzgebirgischen Miniaturspielzeuges wird in diesem Bild lebendig. Der auf Seite 29

Schwimm-, Luft- und Sonnenbad
Erzgebirge; um 1920
Sägearbeit, bemalt
Figuren zum Teil Holz, zum Teil Blei
Schwimmbad: 20 x 13 x 6,8 cm; Figuren: 3,8 und 2,6 cm, Halbfiguren: 1,9 cm; Bleifiguren: 2,3 cm
Sammlung Ehrhardt Heinold

Einige Figuren sind in der Mitte geteilt, so daß sie entweder mit dem Oberkörper oder dem Unterkörper aus dem Wasser ragen.

erwähnte – allerdings viel größere – in den USA hergestellte „Humpty-Dumpty Zirkus" von Albert Schoenhut war im ersten Viertel dieses Jahrhunderts nicht nur in den USA, sondern in aller Welt eines der beliebtesten Spielzeuge.
Nicht nur im Erzgebirge finden wir detailgetreue Wiedergaben. Die „Eröffnung des Oktoberfestes", hergestellt in Oberammergau, ist ein süddeutsches Gegenstück zu den erzgebirgischen Alltagsminiaturen. Die Figuren aus dem Lande Ludwigs II. sind fast doppelt so groß wie die auf den vorigen Seiten gezeigten aus dem Erzgebirge. Geradezu riesig dagegen wirken auf Seite 66 die zu Glücksspielen gehörigen Köpfe, wie sie früher auch auf Volksfesten und Jahrmärkten zu finden waren. Diese Spiele wurden zu Hause gespielt. Man fand sie auch auf Jahrmärkten zum Auslosen der Lotterien.

Karussell
Einzelstück.
Bastelarbeit, Holz, bemalt und beklebt, mit elektrischer Beleuchtung und Elektromotorantrieb; Durchmesser 65 cm, Höhe 75 cm, voll funktionsfähig
Sammlung Ehrhardt Heinold

Dieses Karussell wurde 1980 auf einer Auktion in Nürnberg ersteigert. Herkunft und Entstehungszeit sind unbekannt.

Riesenrad (Russisches Rad) mit Wohnwagen (im Hintergrund)
Vermutlich Einzelstück. Bastelarbeit aus dem Erzgebirge; um 1935
Sperrholz und Fichte, bemalt; 55 x 67 cm
Spielzeugmuseum der Stadt Nürnberg, Museum Lydia Bayer

Das Riesenrad ist zerlegbar. Teile können in einem Spielwagen verpackt werden.

Pferd
Herkunft unbekannt; um 1900
Buche, bemalt; 27 x 22 cm
Schausammlung Altonaer Museum, Hamburg

Hals und Beine sind beweglich. Die Ohren sind aus Leder, die Mähne aus Filz, der Schwanz ist ein Garnbüschel, die Augen sind aus Glas.

Stadt mit Zirkusvorstellung
Erzgebirge; um 1900
Geschnitzt, gedrechselt, bemalt; Länge 55 cm, Breite 22 cm
Schweizerisches Museum für Volkskunde, Basel, Dorfmuseum Riehen

Die Abbildung zeigt einen Ausschnitt mit dem Dompteur und seinen Löwen, umringt von staunenden Zuschauern.

Köpfe zu Nummernspiel
Oberammergau; Mitte 19. Jahrhundert
Fichte, geschnitzt und gefaßt; Höhe 25 cm
Heimatmuseum der Gemeinde Oberammergau

Diese Figuren wurden auf den Jahrmärkten auch zur Feststellung von Gewinnern beim Glücksspiel gebraucht. Man wirft eine Kugel oben in den Kopf. Diese rollt spiralförmig durch den Körper auf die Spielfläche. Die Zahl, auf der sie liegen bleibt, gewinnt. Auch im Grödnertal als Kugelspiel oder „Kakelorum“ bekannt.

Münchner Oktoberfest 1835
Einzelstück. Hersteller möglicherweise
Verlag Gg. Lang, Oberammergau;
1. Hälfte 19. Jahrhundert
Fichte, geschnitzt und gefaßt;
Festzelt: Länge 22 cm, Höhe 24 cm,
Figuren: Höhe etwa 7 cm
Heimatmuseum der Gemeinde Oberammergau

Die Darstellung wurde nach Lithographien von G. Kraus geschaffen. Ludwig II. begrüßt den Festzug zur Eröffnung des Oktoberfestes.

Kloster Serge Troize (Troiza Sergius)
Rußland; um 1880
Geschnitzt, bemalt; ca. 40 x 24 cm
Schweizerisches Museum für Volkskunde, Basel, Dorfmuseum Riehen

Das Kloster ist aus einzelnen Häusern, Türmen und Mauern zusammengestellt.

Holz ist ein hervorragendes Material für Architektur-Modelle. So spielen Gebäude aller Art im Holzspielzeug eine große Rolle. Dahinter mag das kindliche Urbedürfnis stecken, sich in einem Haus und hinter Mauern geborgen zu fühlen.

Zwei schöne Beispiele architektonischen Holzspielzeuges sind auf diesen beiden Seiten zu sehen. Das russische Kloster Serge Troize umgibt das unvergleichliche Fluidum orthodoxer Sakralbauten. Die trutzige Doppelburg aus der Sammlung des Schriftstellers Walter Kempowski erinnert an die mittelalterliche Nürnberger Burg, die als Inbegriff eines wehrhaften Baues gilt. Kinder finden auch heute an solchen Burgen zweierlei faszinierend: die Zugbrücken, die sich hochziehen lassen, und die Verliese, die zur Einkerkerung von Gefangenen unter den Felsen und Gebäuden angebracht sind und zu denen meist vom Boden der Burg aus eine Klappe führt.

Burg
Herkunft unbekannt; 1907
Buchenholz getischlert, mit Naturborke beklebt und dann bemalt; 55 x 32 x 45 cm
Kempowski-Archiv

Burgen in diesem gut erhaltenen Zustand sind verhältnismäßig selten, da sie sperrig sind und im Gegensatz zu Puppenstuben lange Zeit für nicht sammlungswürdig angesehen wurden. Es handelt sich hier um eine sogenannte „Doppelburg".

Mechanisches Spielzeug

Spielen bedeutet sich bewegen, das heißt auf andere Dinge und auf andere Menschen zugehen. Das Kind, das seine Umwelt verstehen und begreifen will, will sie auch in Bewegung bringen und damit sich selbst bewegen.

Die Freude des Kindes an beweglichem Spielzeug vermögen auch Erwachsene nachzuempfinden, etwa wenn sie vor einem sich drehenden Karussell stehen oder vor einer erzgebirgischen Pyramide, die – reich bestückt mit Figuren – sich in Bewegung setzt, wenn warme Luft von den Kerzen aufsteigt.

Bewegliches, mechanisches Spielzeug aus Holz gibt es in den verschiedensten Formen. Da sind auf den folgenden Seiten die Akrobaten, die die verschiedensten figürlichen Darstellungen bieten. Da sind das Karussell, die Wippschaukel, der Turner und der Tänzer und der Steckengaukler aus Oberammergau in schönen Stücken aus dem 18. und 19. Jahrhundert (Seite 72). Da ist aber auch bewegliches Spielzeug aus dem Oberammergau von heute, inspiriert durch alte Figuren und Mechanismen: Die Stangerlviecher, das Turnerpaar, Vater und Sohn, das Hampelweiberl, deren Röcke hochfliegen, Hampelmänner und Musikanten der Gesa Dedler (Seite 73), dazu Hampelfiguren von einem modernen italienischen Designer (Seite 74 unten), weiter eine ganze Kollektion verschiedenartigster Hampelmänner aus dem Oberammergau des vorigen Jahrhunderts (Seite 75) und ihnen nachempfundene Einzelstücke des Oberammergauer Schnitzers Werner Bierling, der auch die Titelfigur dieses Buches schuf (Seite 74 oben).

Da sind indische Pendelspiele, nach älteren Vorbildern gebaut (Seite 76 oben). Das Pendelspiel ist eine alte Spielzeugtechnik. Man findet solche Spiele in vielen Ländern in jeweils verschiedener Form. Wenn man das nach unten hängende Pendelgewicht – meist ein Stück Holz – hin und her bewegt, bewegen sich die Figuren.

Da sind Zugspielzeuge aus dem Grödnertal, aus Polen und aus Russland, die sich durch Ziehen und Schieben bewegen (Seite 76 unten). Gerade bei diesem Spielzeug kommt der Humor nicht zu kurz. In drastischer Realistik schlägt sich das streitende Ehepaar aus Polen mit Holzscheiten auf die Backen. Possierlich auch die Hühner aus Indien, die Körner aufpicken; Pickhühner gehören zu den ältesten und am weitesten verbreiteten Spielmitteln. Die Bewegungsspielzeuge russischer Herkunft (Seite 77) zeigen handwerkliche Tätigkeiten, wie sie den Kindern früher aus dem Alltag vertraut waren, ins Tierleben übersetzt. Der Urtypus dazu ist als Bärenschmiede bekannt.

The Acrobats – Die Akrobaten
Amerika; um 1900
Holzsteckspiel mit bedrucktem Papier überzogen. Vier Figuren in einem flachen Kasten, jede Figur ca. 25 cm hoch.
Schausammlung Altonaer Museum, Hamburg

In den Kopf und in den Arm- und Beinansätzen sind vier Rillen geschnitten, so daß Arme und Beine sowie auch die anderen Figuren eingesteckt werden können. Arme und Beine sind beweglich.

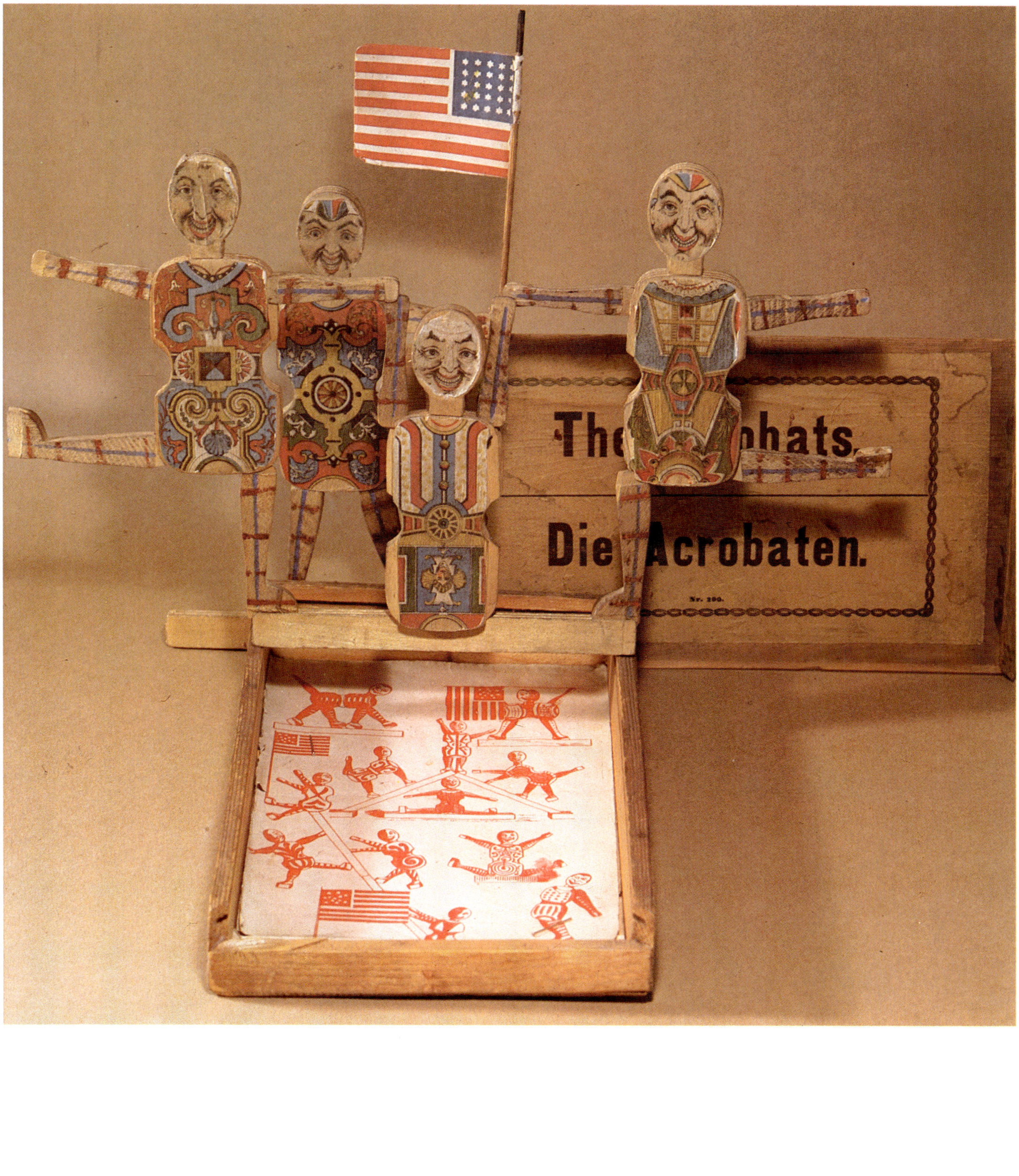

Verschiedenes Spielzeug
Oberammergau; 2. Hälfte 19. Jahrhundert
Turner Ende 18. Jahrhundert
Fichte, geschnitzt und gefaßt; Turner 20 cm, Tänzer mit Ring 17 cm, Steckengaukler mit Stock 30 cm, ohne Stock 8 cm
Karussell Breite 20 cm, Höhe 18 cm, Wippschaukel Breite 16 cm, Höhe 12,5 cm
Heimatmuseum der Gemeinde Oberammergau

Verschiedenes Spielzeug von Gesa Dedler, Oberammergau; entstanden zwischen 1975 und 1982 nach Vorbildern und Motiven der Vergangenheit, wie sie auf der nebenstehenden Abbildung gezeigt werden.

Von links nach rechts:
„Stangerlviecher"
Zirbel und Fichte, geschnitzt, zusammengesetzt, mit Bewegungsmechanismus – grundiert, bemalt und lackiert. Mechanismus ca. 25 cm hoch, Tiere ca. 6 x 4 cm
Davor: Vater und Sohn
Einzelstück. Zirbel, geschnitzt, grundiert, bemalt, lackiert, mit Bewegungsmechanismus; Höhe ca. 20 cm
Bildmitte: Turnerpaar
Einzelstück. Fichte und Zirbel, geschnitzt mit Bewegungsmechanismus zusammengesetzt, grundiert, bemalt und lackiert; ca. 35 cm hoch
Daneben: Hampelweiberl
Einzelstück. Zirbel und Fichte, geschnitzt, mit Bewegungsmechanismus zusammengesetzt, grundiert, bemalt und lackiert; ca. 17 cm hoch
Im Hintergrund rechts: Hampelmänner
Zirbel und Fichte, geschnitzt, bemalt, lackiert, mit Bewegungsmechanismus. Höhe ca. 7 cm, rechts ca. 17 cm
Rechts: Trommler und Geiger
Zirbel und Fichte, geschnitzt, mit Bewegungsmechanismus zusammengesetzt, grundiert, bemalt und lackiert; ca. 22 cm
Alle Stücke Privatbesitz Gesa Dedler und Rudo Praegert

„Stangerlviecher", auch Stock- oder Steckengaukler genannt, sind Bewegungsspiele, die in Oberammergau, aber auch im Grödner Tal und in anderen Gegenden in der 2. Hälfte des 19. Jahrhunderts hergestellt wurden. Die auf zwei Stäben aufgesetzte Figur wird durch Gegeneinanderschieben derselben bewegt.

Hampelmänner
Einzelstücke. Werner Bierling, Oberammergau; 1960
Linde und Fichte, geschnitzt und gefaßt (= grundiert und mit Kaseinfarbe bemalt)
oberer Hampelmann ausgestreckt Länge 26 cm
Sammlung Renate und Hans Jürgen Rau
(Der Künstler schnitzt diese Stücke im Auftrag.)

Die oberste Figur bewegt nicht nur Arme und Beine, sondern öffnet auch den Mund und bewegt die Augen.

Hampelmänner (Seite 75)
Oberammergau, Mitte 19. Jahrhundert
Fichte geschnitzt und gefaßt; Höhe 12 bis 50 cm, Hampelmann mit beweglichem Mund (dritte Figur von links) 36 cm hoch
Heimatmuseum der Gemeinde Oberammergau

Viele Hampelmänner haben doppelte Gesichter, wie die Figur rechts unten.

Hampelfiguren
Violine spielender Harlekin und Tänzerin
Einzelstücke. Design: Andrea Filippi, Italien; 1978
Sperrholz, gesägt und bemalt; Höhe 33 und 30 cm
Sammlung Renate und Hans Jürgen Rau

Pendelspiele nach altem Vorbild
Hähne – Handwerker – Stierkampf
Indien; Gegenwart
Sperrholz, gesägt und bemalt, Hühner geschnitzt; Länge der Bretter 29 cm
Sammlung Renate und Hans Jürgen Rau

Pendelspielzeug: Der Stier springt auf und ab und der Torero bewegt das rote Tuch – die Handwerker sägen und hämmern – die Hühner picken das Futter auf.

Zwei Pendelspiele
Streitendes Ehepaar (im Vordergrund)
Grödner Tal; um 1900
Weichholz, gesägt und geschnitzt, flächig bemalt; Breite 22 cm, Höhe 11,5 cm

Hammerschmiede (im Hintergrund)
Zugspielzeug, Heimarbeit, Polen; 1. Hälfte 20. Jahrhundert
Weichholz, gesägt und geschnitzt, unbemalt; Breite 38 cm, Höhe 17 cm
beide Stücke: Niederrheinisches Museum für Volkskunde und Kulturgeschichte, Sammlung Metzger, Kevelaer

Zugspielzeug: Wenn man die Stäbe, auf denen die Figuren stehen, gegeneinander verschiebt, schlagen sich die vorderen Figuren auf die Backen, die hinteren Figuren beginnen zu hämmern.

Schiebe-, Zug- und Pendelspiele;
Heimindustrie, Russland; 1. Hälfte
20. Jahrhundert
Weichholz, gesägt und geschnitzt;
mittleres Maß ca. 7 cm x 12 cm
Niederrheinisches Museum für
Volkskunde und Kulturgeschichte,
Sammlung Metzger, Kevelaer

Die Bären im Hintergrund versetzt eine von Schnüren gehaltene Kugel, die unterhalb des Spielzeugs in eine kreisende Bewegung versetzt werden muß, in Aktion.

Turner, Akrobat
Heimindustrie, Mexiko; 1. Hälfte 20. Jahrhundert
Weichholz, geschnitzt und bemalt; Breite 5 cm, Höhe 23 cm
Niederrheinisches Museum für Volkskunde und Kulturgeschichte, Sammlung Metzger, Kevelaer

Durch einfachen Druck an den beiden Mastenden setzt der Turner sich in Bewegung.

Vier kleine Reiterlein aus Holz
hopp, hopp, hopp heiter und stolz
auf einem Brettchen im Kreis,
und ein Menuettchen klingt leis;
willst du ein Wirbelchen sehn,
mußt du das Kürbelchen drehn.

In diesem von Juliane Metzger überlieferten Vers wird ein Karussell mit Spieluhr beschrieben, das durch eine Kurbel in Bewegung gesetzt wird.
Wer kennt sie nicht, die beweglichen Spielzeuge, die in charakteristischen Beispielen auf diesen beiden Seiten versammelt sind! Jeder hat sie in seiner Kindheit gehabt: Die Figuren und Tiere, die von selbst ein schräges Brett hinunterlaufen, und den Turner oder Akrobaten, der sich überschlägt, wenn man die beiden Mastenden aufeinander zubewegt.
Kommt nun noch das Rad ins Spiel, (hier Seite 80 und 81), ergeben sich neue interessante Bewegungsabläufe. Im Falle des Radfahrers, der aus Portugal kommt, sogar verbunden mit einem Klingelton. Auch das Purzelmännlein, das eine Leiter hinauf- und hinuntersteigt, ist in vielerlei Formen verbreitet (Seite 83). Weniger bekannt, aber ebenso reizvoll ist der Turner, der an einem Mast hinauf- und hinunterklettert, das Männchen, das sich wie ein Kreisel dreht, das wippende Nachziehspielzeug und die Schere, mit der man Reiter oder andere Figuren in Bewegung setzen kann (Seite 82).

Lauffiguren
Wolkenstein/Grödnertal; Ende 19. Jahrhundert bis 1914
Gedrechselt und geschnitzt, bemalt, bewegliche Köpfe und Glieder
Storch: Breite 6 cm, Höhe 15 cm
Eisbär: 17 x 6 x 11 cm
Mann: Breite 5 cm, Höhe 14 cm
Sammlung Juliane Metzger

Die Figuren können auf einem schrägen Brett von selbst hinunterlaufen.

Pferd und Akrobat
Einzelstück. Hersteller unbekannt, Deutschland; 20. Jahrhundert
Sperrholz, gesägt und bemalt; Durchmesser 26,5 cm
Niederrheinisches Museum für Volkskunde und Kulturgeschichte, Sammlung Metzger, Kevelaer

Das Spielzeug ist eine Einzelanfertigung und stellt einen Zirkusclown auf einem Pferd dar. Der rhönradähnliche Doppelreif wird durch Rollen in Bewegung gesetzt, der einseitig fixierte Clown macht dabei Überschläge.

Radfahrer und Vogel
Portugal; Gegenwart
Bemalt; Radfahrer: Länge mit Griff 67 cm, Höhe 39 cm
Sammlung Renate und Hans Jürgen Rau
Im Handel erhältlich

Schiebespielzeug: Beim Radfahrer bewegen sich die Beine, und die Fahrradklingel schlägt an, während der Vogel beim Anschieben mit den Flügeln flattert.

Abbildung rechts:
Klettermännchen
Herkunftsland unbekannt, um 1860
Höhe ca. 18 und 20 cm
Schausammlung Altonaer Museum, Hamburg

Ein Männchen dreht sich mit Drahtschlingen an einem Gewinde hoch, wenn man den Stock dreht; das andere wird mit einem Wirbel am Band bewegt.

Abbildung unten:
Schere mit Reiter (links)
Polen; Mitte 20. Jahrhundert
Weichholz, gesägt, geschnitzt, gedrechselt und bemalt; Länge 42,5 cm, Höhe 12,5 cm
Niederrheinisches Museum für Volkskunde und Kulturgeschichte, Sammlung Metzger, Kevelaer

Die „Schere" kann man öffnen und schließen, dabei bewegen sich die Figuren vor und zurück und drehen sich zur Seite. Solche Scheren, vornehmlich mit Soldatenfiguren, wurden auch im Erzgebirge hergestellt.

Nachziehspielzeug (rechts)
Polen; 19./20. Jahrhundert
Weichholz, gedrechselt, gesägt und geschnitzt, bemalt; Breite 19,5 cm, Höhe 16 cm
Niederrheinisches Museum für Volkskunde und Kulturgeschichte, Sammlung Metzger, Kevelaer

Purzelmännlein mit Leiter
Heimindustrie, Deutschland; 2. Hälfte 20. Jahrhundert
Hart- und Weichholz, gedrechselt, gesägt, bemalt, mit Fellteilchen als Haarersatz; Leiter: Breite 9,5 cm, Höhe 70 cm
Männchen: Höhe 12 cm
Niederrheinisches Museum für Volkskunde und Kulturgeschichte, Sammlung Metzger, Kevelaer

Purzelmännlein sind in vielen Ländern verbreitet. Wenn man sie oben auf der Leiter aufsetzt, fallen sie von Stufe zu Stufe und bleiben am Fuß der Leiter stehen. Dreht man die Leiter herum, ehe das Purzelmännlein unten angekommen ist, so klettert es zurück.

Haus und Hof

Haus und Hof haben für Spielzeughersteller immer wieder dankbare Motive geliefert. Handwerker aller Zünfte waren für die Kinder der Herrscher oder anderer hochgestellter Persönlichkeiten beschäftigt, wenn es galt, ein Puppenhaus en miniature naturgetreu mit allen Gerätschaften eines herrschaftlichen Haushaltes auszustatten.
Einen besonderen Reiz für das bürgerliche Stadtkind späterer Jahrhunderte hatte das Spiel mit Bauernhöfen – für viele eine Erinnerung an eine ungebundenere Welt der Ferien bei Verwandten auf dem Lande.
Natürlich diente Spielzeug auch zu didaktischen Zwecken, wie bei jenen Werkstätten aus dem 19. Jahrhundert, die zwei Kunsthandwerker heute nachbauen, von deren Arbeiten wir als Beispiel nebenstehend die Wassermühle zeigen. Diese Mühle ist in jedem Detail naturgetreu nachgebaut, selbst die kleine Mausefalle.
Pferdefuhrwerke gibt es in jedweder Form. Ein spezielles Herstellungszentrum dafür war der Odenwald (Seite 86).
Ein schönes Beispiel eines Bauernhofs aus dem vorigen Jahrhundert zeigt die Abbildung auf Seite 87. Die Häuser, Bäume, Zäune, menschlichen Figuren und die verschiedenen Tiere wurden in einzelnen Arbeitsgängen gesondert angefertigt und dann zu einem Bauernhof zusammengetragen. In Holzwolle verpackt kamen sie in eine Spanschachtel und wurden in alle Welt versandt. Das abgebildete Ensemble zum Beispiel wurde nach England geliefert und kam erst in unseren Tagen nach Deutschland zurück.
Mit dem Jahreslauf verbundenes Brauchtum fand ebenfalls sein Spiegelbild im Spielzeug, wie die Abbildung auf Seite 91 zeigt. Blumengeschmückt werden die Kühe, Schafe und Ziegen von der Alm ins Tal getrieben. Der kleine Junge rechts hält das Schwein an einem Strick fest, damit es nicht ausreißt.
Den Hersteller von Holzspielzeug zeichnet eine besondere Liebe zum Detail – wie wir immer wieder sehen – aus. Nicht nur die Wassermühle ist dafür ein Beispiel, sondern vieles andere Spielzeug auch, wie etwa der Wagen mit der Bäuerin auf Seite 89 mit dem wunderbar beweglichen Pferd und detailgerecht nachgebildeten Gerätschaften von der Sichel bis zum Rechen, wie sie Bauer und Bäuerin auf dem Felde brauchten, ehe die Mechanisierung der Landwirtschaft einsetzte. So hält Kinderspielzeug, wie am auffälligsten beim Puppenhaus, kulturgeschichtliche Tatbestände über seine Zeit hinaus fest.

Abbildung rechts:
Wassermühle
Hans Wolfram Huber (Holz/Metall) und Ingrid Eska (Keramik), Griesbach bei Passau; 1980
Verschiedene Holzarten in unterschiedlichen Größen; Höhe des Hauses 90 cm.
Sammlung Renate und Hans Jürgen Rau

Die Wassermühle ist voll funktionsfähig: Mit Hilfe einer Wasserpumpe kann man auf das seitlich angebrachte Mühlrad Wasser leiten und damit die Mühle in Bewegung setzen. Alle Details sind originalgetreu nachgebildet – bis zur Mausefalle – nach einem Vorbild aus der Zeit um 1900; weitere Nachbau-Motive: Sägewerk, Hammerschmiede, Bäckerei, Töpferei, Schneiderei und Apotheke. (Die Kunsthandwerker arbeiten im Auftrag von Museen und Sammlern.)

Einachsiges Pferdefuhrwerk
Odenwald; um 1930
Weichholz, Pferd individuell geschnitzt, farbig bemalt; Länge 39 cm, Wagen Länge 13 cm, Höhe 12,5 cm
Sammlung René und Regina Rilz
Im Handel erhältlich

Solche „Odenwälder Crailcher" stellt heute noch Adam Krämer nach alten Vorbildern her.

Holzpferd mit Fuhrwerk
Deutschland; 1890
Fuhrwerk Holz natur, Pferd bemalt
26 x 10 x 12 cm
Zürcher Spielzeugmuseum/Sammlung Franz Carl Weber

Bauernhof
Erzgebirge; vor 1850
Holz, bemalt; Haus: 17,9 x 6,2 x 13,3 cm,
Bäume: Höhe bis zu 15,7 cm, Hase vorn
links: Höhe 5,4 cm
Sammlung Ehrhardt Heinold

Ähnlicher Bauernhof abgebildet im Waldkirchner Spielzeugmusterbuch (Nr. 1596). Sehr originelle Baumform.

Nürnberger Kaufmannszug
Nürnberg; ca. 1910
Gespann Länge 27 cm, Wagen Länge 30 cm (ohne Deichsel)
Sammlung René und Regina Rilz

Arme und Beine der Reiter sind beweglich.

2 Teile aus Pferdestall zum Stapeln
Insgesamt 6-teilig, Einzelstück. Schweiz, Inhalt Deutschland; um 1880
Zigarrenkisten mit Papier beklebt, Tiere Holz, bemalt, Wagen z.T. Blech, bemalt; 25 x 21 x 9 cm
Zürcher Spielzeugmuseum/Sammlung Franz Carl Weber

Wagen mit Pferd
Einzelstück. Hans Happ, Dreieich; 1935
Birne und Hainbuche, gesägte und gefeilte Teile, zum Teil geschnitzt, unbemalt; Pferd 14 cm hoch
Im Besitz des Künstlers

Hals und Glieder sind gelenkig, durch eine eingebaute Technik führen die Beine beim Vorschieben des Pferdes einen viertaktigen Gehschritt aus. Das einzige Spielzeugpferd, das im richtigen Schritt des Pferdes gehen kann, wenn man es leicht anschiebt oder zieht. Ein weiteres Spielzeug des heute (1982) 83 Jahre alten, noch immer tätigen Künstlers ist auf Seite 122 abgebildet.

Fachwerkhaus und Heuwagen mit Pferden
Im Hintergrund:
Fachwerkhaus-Modellbaukasten
Werkstudio Güllert, Geisenhausen;
um 1980
Ramin-Massivholz, roh, zimmermanns-gerechte Verbindungen; Maße 20 x 30 bis 50 x 60 cm

Seitlich und im Vordergrund von links nach rechts:
Großer vierrädriger Heuwagen, kleiner zweirädriger Heuwagen, Langholzwagen
Nachbildungen alter Modelle.
AWB Architektur + Wohnbedarf GmbH, Burgstetten. Erste Edition 1979
Esche, Buche, Naturholz; 60 x 15, 40 x 12, 60 x 15 cm
Zwei Pferde
Polen 1982
Linde, geschnitzt und bemalt; Höhe 16 cm
Alle Stücke: Sammlung Renate und Hans Jürgen Rau
Im Handel erhältlich

Stücke verschiedener Herkunft wurden hier vom Sammler zu einem in sich geschlossenen Ensemble zusammengestellt. Neben den drei abgebildeten Wagen gibt es auch noch im gleichen Stil einen Landauer und einen Jagdwagen.

Almabtrieb
Einzelstück. Guido Postinger,
Oberammergau; 1980
Weymouthkiefer, Brett-Schnitzerei,
bemalt; Tiere ca. 5 x 3 cm, Haus: Höhe 10 cm
Sammlung Richard Lang

Die nicht öffentlich zugängliche, private Sammlung Richard Lang, Oberammergau, besteht neben dem offiziellen Heimatmuseum der Gemeinde und enthält unter anderem die größte Sammlung von Guido Postinger. Vor dem Lang-Haus steht das auf Seite 6 erwähnte Kraxenträger-Denkmal.

Szenen aus der Landwirtschaft und Arbeitswelt
China, Provinz Chekiang; 19. Jahrhundert oder älter
Vermutlich Lindenholz, geschnitzt, naturbelassen, Muster geritzt und leicht gefärbt; Länge zwischen 4 und 10 cm, Höhe zwischen 5 und 8 cm
Sammlung Juliane Metzger

Auch die chinesische Spielzeugkunst lebt von der Freude am Detail. Die schon erwähnte Seidenmalerei „Die hundert Kinder" (Seite 28) stellt Kinder bei allen Arten von Spielen mit dem verschiedensten Spielzeug dar, wie auch die obenstehenden Szenen aus der Landwirtschaft und Arbeitswelt, die das tägliche Leben im früheren China bis in jede Einzelheit getreu spiegeln.
Ebenso liebevoll ist das Dreigespann aus Russland ausgeführt, welches ein Paar bei der Ausfahrt mit der Kutsche zeigt.

Troika
Vermutlich Arbeit des Troiza-Sergius-(Serge-Troize) Klosters, Sagorsk oder Umkreis, Rußland; 19. Jahrhundert
Holz, geschnitzt, ungefaßt, Pferdegeschirr aus formgepreßtem Goldpapier, Zügel aus Schnur; Größe: 43 x 18 x 22 cm
Salzburger Museum Carolino Augusteum/ Sammlung Folk, Salzburg

Tiere

Wie schon mehrfach erwähnt, hat Spielzeug oft eine doppelte Bedeutung: Neben dem reinen Spielzweck eine magische oder religiöse. Das gilt auch für viele Tierformen, wobei uns der einstmalige Sinngehalt heute oft nicht mehr geläufig ist.
Die enge Verbindung von Spiel und religiöser Sinngebung wird am Beispiel der Arche deutlich. Archen wurden insbesondere im 19. Jahrhundert in großen Mengen im Erzgebirge hergestellt und in alle Welt exportiert. Auch in England und den USA wurden Archen produziert und zum Teil mit Figuren aus dem Erzgebirge bestückt. Neben Noah und seiner Frau gehören zur Arche Noahs Söhne und deren Frauen. Die Tiere sind, wie es sich gehört, paarweise vorhanden und über der Arche fliegt die Taube, die das Ende der Sintflut verkündet. Die Arche Noah erfüllte eine wichtige Rolle als Sonntagsspielzeug: Im viktorianischen England und in Puritanerkreisen Amerikas durften Kinder an Sonn- und Feiertagen nur mit diesem religiös motivierten Spielzeug spielen. Daß die Arche in England sich großer Beliebtheit erfreute, darüber hat auch der Schriftsteller Charles Dickens (1812–1870) berichtet.
Tierformen regten in aller Welt immer wieder zu phantasievoller Bemalung an, wie die Beispiele aus Schweden, Finnland, Indien und Peru auf den Seiten 96 bis 99 zeigen.

Nachziehspielzeug Fisch
Heimindustrie, Japan; 1. Hälfte 20. Jahrhundert
Weichholz, gesägt, geschnitzt, bemalt
Von links nach rechts: 34,5 cm x 10 cm; 13 x 8 cm
Niederrheinisches Museum für Volkskunde und Kulturgeschichte, Sammlung Metzger, Kevelaer

Arche Noah
Erzgebirge; Mitte 19. Jahrhundert
Weichholz, Schiff mit Schieber, Tiere farbig bemalt; Arche: 56 x 16 x 32 cm; Tiere: Länge zwischen 1,5 und 13 cm
Sammlung René und Regina Rilz

Die Arche enthält ca. 100 verschiedene Tierpaare.

Vier bemalte Holzpferde und ein Schaf
aus Schweden, ein Rentier aus Finnland;
20. Jahrhundert
Linde, geschnitzt, bemalt, das Rentier
natur; Größe der Pferde: Länge 3 bis 14 cm,
Höhe 2,5 bis 9 cm, Rentier: 16 x 15 cm,
Schaf: 11 x 8 cm
Sammlung Juliane Metzger

Nachziehtiere
Indien; Gegenwart
Geschnitzt und mit Ölfarbe bemalt; Höhe der Tiere ca. 18,5 cm
Sammlung Renate und Hans Jürgen Rau

Tiergruppe
Indien; Gegenwart
Geschnitzt und mit Ölfarbe bemalt; Höhe der Tiere ca. 4 bis 5 cm
Sammlung Renate und Hans Jürgen Rau

Vögel
Peru; Gegenwart
Aus Astgabeln geschnitzt und mit Filzstift bemalt, wahrscheinlich von Kindern; größter Vogel: Höhe 23 cm
Sammlung Renate und Hans Jürgen Rau
Im Handel erhältlich

In der Gruppe auf Seite 21 befindet sich eine Frau mit Hut (links) ebenfalls aus Peru und in gleicher Art.

Gänseliesel mit zwölf Gänsen
Burg Breuberg/Hessen; um 1900
Geschnitzt, bemalt; Gesamtlänge der Gruppe 40 cm (hier Ausschnitt), Gänse 10 cm lang, Liesel 15 cm hoch
Schweizerisches Museum für Volkskunde, Basel, Dorfmuseum Riehen

Auf Burg Breuberg im Odenwald wohnte um die Jahrhundertwende Professor C. Sutter, der sich um eine geschmacklich hochstehende Spielzeugproduktion bemühte. Drechsler im Odenwald fertigten nach seinen Vorlagen Spielsachen an (siehe Seite 30).

Neben Bauernhöfen – zu einem gehört das obenstehende Gänseliesel – und Archen waren vor allem im vorigen Jahrhundert Zoologische Gärten oder Menagerien ein beliebtes Holzspielzeug. Die beiden nebenstehenden Beispiele aus der Gegenwart zeigen bewegliche Tiere in künstlerischem Design und darüber einen kleinen Zoo aus dem Kongo. Verschiedene afrikanische Völker sind Meister der Tierschnitzerei, so die Somali, die daraus eine nicht unbedeutende Andenkenindustrie entwickelt haben.

Hähne (Seiten 102 und 103) sind – wohl wegen ihrer sinnbildlichen Bedeutung – ein uraltes Spielzeugmotiv: sie waren schon in der Antike beliebt. Der Hahn, als morgendlicher Künder der Sonne, gilt bei vielen Völkern, so bei Syrern, Ägyptern und Griechen, wegen seines schillernden Gefieders und seines feuerroten Kammes als Sonnen- und Feuersymbol, aber auch als Symbol des Kampfes, der Kühnheit und des Mutes. Im Christentum ist der Hahn Sinnbild für die Wiederkunft Christi am Jüngsten Tag.

Kleiner Zoo
Kongo; Gegenwart
Verschiedene Hölzer, geschnitzt, teils bemalt; Giraffe: Höhe 7 cm
Sammlung Renate und Hans Jürgen Rau
Im Handel erhältlich

Zoo
Die Werkstatt, Spiel + Design GmbH, Kassel; 1979
Kiefernholz, ausgesägte Teile, unbehandelt, variabel in der Fläche; Höhe ca. 20 cm
Sammlung Renate und Hans Jürgen Rau
Im Handel erhältlich

Alle Tiere sind beweglich.

Grödner Hähne
Grödner Hausindustrie, Gröden;
18./19. Jahrhundert
Holz, geschnitzt und bemalt; Höhe 15 cm
und 20 cm
Salzburger Museum Carolino Augusteum/
Sammlung Folk, Salzburg

Huhn und Hahn
Heimindustrie Grödner Tal oder Polen;
ca. 1900
Weichholz, geschnitzt und bemalt;
22,5 x 23 cm, 18 x 27 cm
Niederrheinisches Museum für
Volkskunde und Kulturgeschichte,
Sammlung Metzger, Kevelaer

Die Herkunft dieser Hähne steht nicht sicher fest. Sie ähneln sehr den beiden Hähnen auf Seite 102, die nachweislich aus dem Grödner Tal stammen. Entweder kommen sie ebenfalls aus dieser Heimindustrie oder wurden in Polen Figuren des Grödner Tales nachgebildet.

Elefant und Krokodil
Michael Raab, Tyrlaching; Gegenwart
Geschichtetes Holz, geschnitzt und gesägt, ganz leicht mit Plakafarbe bemalt. Elefant: Länge 37 cm, Krokodil: Länge 39 cm
Sammlung Renate und Hans Jürgen Rau
Im Handel erhältlich

Wenn die Tiere am Schwanz bewegt werden, öffnet sich das Maul.
Es handelt sich um Einzelstücke, die vom Künstler auf Wunsch hergestellt werden.

Interessante Variationen von Tierdarstellungen zeigen diese beiden Seiten. Links finden wir Tiere, die bewegt werden können, der Elefant rollt auch auf Rädern. Die Dinosaurier ostasiatischer Herkunft (Abbildung unten) fordern die Gestaltungskraft der Kinder heraus, denn die Tiere werden ähnlich wie beim Puzzlespielen aus Einzelteilen zusammengesetzt. Vergleicht man diese kleinen Holz-Dinosaurier mit den bis zu 20 Meter langen Skelettmontagen von Dino-, Ichthyo- und Flugsauriern im Frankfurter Senckenberg-Museum, so wird man eine verblüffende Ähnlichkeit feststellen.

Dinosaurier-Stecktiere
Wahrscheinlich entworfen in Japan und hergestellt in Taiwan; Gegenwart
Aus Sperrholzplatten gestanzt. Die Tiere können aus den Platten herausgebrochen und zusammengesetzt werden. Länge der Tiere ca. 47 cm
Sammlung Renate und Hans Jürgen Rau
Im Handel erhältlich

Handwerk und Technik

Die technischen Neuerungen des 19. und 20. Jahrhunderts haben sich jeweils überraschend schnell in der Spielzeugwelt widergespiegelt. So gab es bald nach dem Aufkommen der Eisenbahn erste Spielzeugnachbildungen dieses neuen Verkehrsmittels in verschiedenen Werkstoffen. Zwar dominieren metallische und Kunststoffe bei der Wiedergabe technischer Geräte, Fahrzeuge und Erfindungen, aber es zeigt sich, daß auch Holz ein durchaus geeignetes Material ist, um Technik modellartig darzustellen. „Der Blitzzug" aus dem Jahre 1910 wirkt in seiner Ausführung in naturbelassenem Holz gar nicht nostalgisch, sondern ganz modern und ist der zerlegbaren „Schwäbischen Eisenbahn" aus dem Jahr 1972 (gegenüberliegende Seite) verwandt. Die „Schwäbische Eisenbahn" zeigt, wie Holzspielzeug die konstruktive Fantasie und das handwerkliche Geschick anzuregen vermag. Die Aufnahme läßt auch klar erkennen, welch kindgerechtes Material Holz ist: Es gibt keine scharfen Kanten und Ecken, sondern runde, leicht zu begreifende, einfach zu handhabende und griffige Formen.
Ebenso formschön und greiffreundlich sind die modernen Spielfahrzeuge auf Seite 109. Hier zeigt sich deutlich, daß man aus dem Werkstoff Holz (wie wir schon bei den Tierplastiken gesehen haben) die Form, die einem Gegenstand zugrundeliegt, besonders gut herausarbeiten kann.
Die Straßenbahnen auf Seite 108 zum

Eisenbahnbaukasten „Der Blitzzug"
Gezeichnet: J. S., Bavaria, unbekannter Herstellungsort in Deutschland; 1910
Holz roh; 28 × 41 cm
Zürcher Spielzeugmuseum/Sammlung Franz Carl Weber

Zerlegbare Lok mit Wagen „Schwäbische Eisenbahn"
Holz-Hoerz in Zusammenarbeit mit Fuchs Design, Reichenbach-Fils; ca. 1972
Buchenholz, gedreht und gedrechselt, naturlasiert; Eisenbahn ohne Wagen
22 x 12 x 16 cm
Sammlung Renate und Hans Jürgen Rau
Im Handel erhältlich

Das Spielzeug erhielt den Designpreis Stuttgart und den Preis „Gute Form" in Frankfurt und Hannover.

Beispiel sind relativ einfach in ihrer Form, geben aber ganz das Erscheinungsbild jener Straßenbahntypen wieder, die einst und noch heute das Stadtbild von Dresden mitgeprägt haben.
Bei dem Straßenbahnhof im Hintergrund ist zu beachten, daß wie bei vielem anderen erzgebirgischen Spielzeug die Aufschrift nicht etwa per Druckstempel angebracht worden ist, sondern in Handschrift. Auch die Ziffern der Uhr und die Zeiger sind solche „Handarbeit". Ebenfalls in Handarbeit erfolgte die Beschriftung des „Schwimm-, Luft- und Sonnenbades" auf Seite 61. Wahrscheinlich war die Handbeschriftung seinerzeit die preiswerteste Methode. Dagegen sind die Nummern der Straßenbahnlinien mit Stempeln aufgedruckt.
Eines der beliebtesten technischen Spielzeuge ist der Matador-Baukasten, den der Ingenieur Johann Korbuly im Jahre 1900 schuf und der von der von ihm gegründeten Firma in Pfaffstätten in Österreich bis heute hergestellt wird. Auf den Seiten 110 und 111 wird ein älteres Exemplar aus Museumsbesitz einem heute im Handel erhältlichen Bausatz gegenübergestellt.

Straßenbahnhof mit drei Straßenbahnen
Erzgebirge; nach 1920
Bahnhof: Sperrholz ausgesägt, Straßenbahnen aus verschiedenen Holzelementen zusammengesetzt und geleimt, bemalt;
Bahnhof: 13,8 x 9,2 x 8,2 cm; Straßenbahn vorn links: 13 x 5,3 x 2,9 cm
Sammlung Ehrhardt Heinold

Die Straßenbahn vorn links entspricht dem typischen Dresdner „Hechtwagen".

Holzschiffchen gehören zu den Spielmitteln, die sich Kinder in aller Welt aus Holz- und Rindenstücken besonders gern selbst anfertigen. Zwei verschiedenartige Beispiele werden auf den Seiten 112 und 113 gezeigt. Ihnen folgen zwei besonders originelle Straßenverkehrsmittel: Eine steuerbare Dampfwalze aus der Gegenwart (Seite 114) und ein Draisineläufer aus der ersten Hälfte des vorigen Jahrhunderts (Seite 115). Die Abbildungen in diesem Bild-Kapitel zeigen deutlich, welche Schönheit modernes Industriedesign auch für Spielmittel haben kann. Der belgische Architekt und Kunstgewerbler Henry van der Velde (1863–1957) hat dazu gesagt: „Ich habe schon mehrfach die Lokomotiven, die Dampfboote angeführt (auch die ersten englischen Kinderwägelchen) ... Alle diese Gegenstände sind schön, weil sie genau das sind, was sie sein sollen... Um so mehr, wenn die Rohstoffe, in welchen sie ausgeführt wurden, schön und von anständiger Arbeit waren... Sobald die Menschen wissen werden, woher ihnen die plastische Schönheit kommt..., werden sie die Ingenieure ehren, wie sie es heute mit Malern und Dichtern

tun, und wie sie die Baumeister geehrt haben... Wieviel Zeit brauchen selbst wir, um die Schönheit in den Werken der Ingenieure zu begreifen, und wenn jemand die absolute Schönheit einer Lokomotive zugibt, lächelt man über den Widersinn seiner Auffassung, die man als eine Verteidigung des Modernen ansieht."
Das Kapitel „Handwerk und Technik" schließt mit Geschicklichkeitsspielen, alten und neuen, die jeweils in ihrer Art Fantasie und Fingerfertigkeit gleichermaßen anregen.

Fahrzeuge aus verschiedenen Ländern
Vorn links: Schaufelbagger
Aarikka, Helsinki (Finnland);
Birkenholz, Oberfläche fein geschliffen, unlackiert, durchgehende Achsen;
14,5 x 8 x 11 cm

Aarikka ist typisches Finn-Design und besticht durch eine klare Formgebung, massive, kindgerechte Verarbeitung und einfache Funktionen.

Vorn mitte: Kobba-Kran
The Kobba Toy Company, Tauranga South, Neuseeland (Lieferant), importiert aus Malaysia
Exotenholz aus Malaysia, geölt, Räder schwarz gefärbt, Abschlepphaken aus stabilem Kunststoff; 18 x 10 x 16 cm

Gehört zu einer mehrteiligen Fahrzeugserie.

Vorn rechts: Transporter
Aarikka, Helsinki (Finnland)
Birkenholz, Oberfläche fein geschliffen, unlackiert, durchgehende Achsen;
16 x 8 x 9 cm

Hinten links: „Tram"
naef Spielzeug, Zeiningen (Schweiz);
9,5 x 18 x 22 cm

Hinten rechts: Ochsenplanwagen
naef Spielzeug, Zeiningen (Schweiz);
41 x 10 x 14 cm
Alle Gegenstände Sammlung Renate und Hans Jürgen Rau
Die Stücke sind im Handel erhältlich

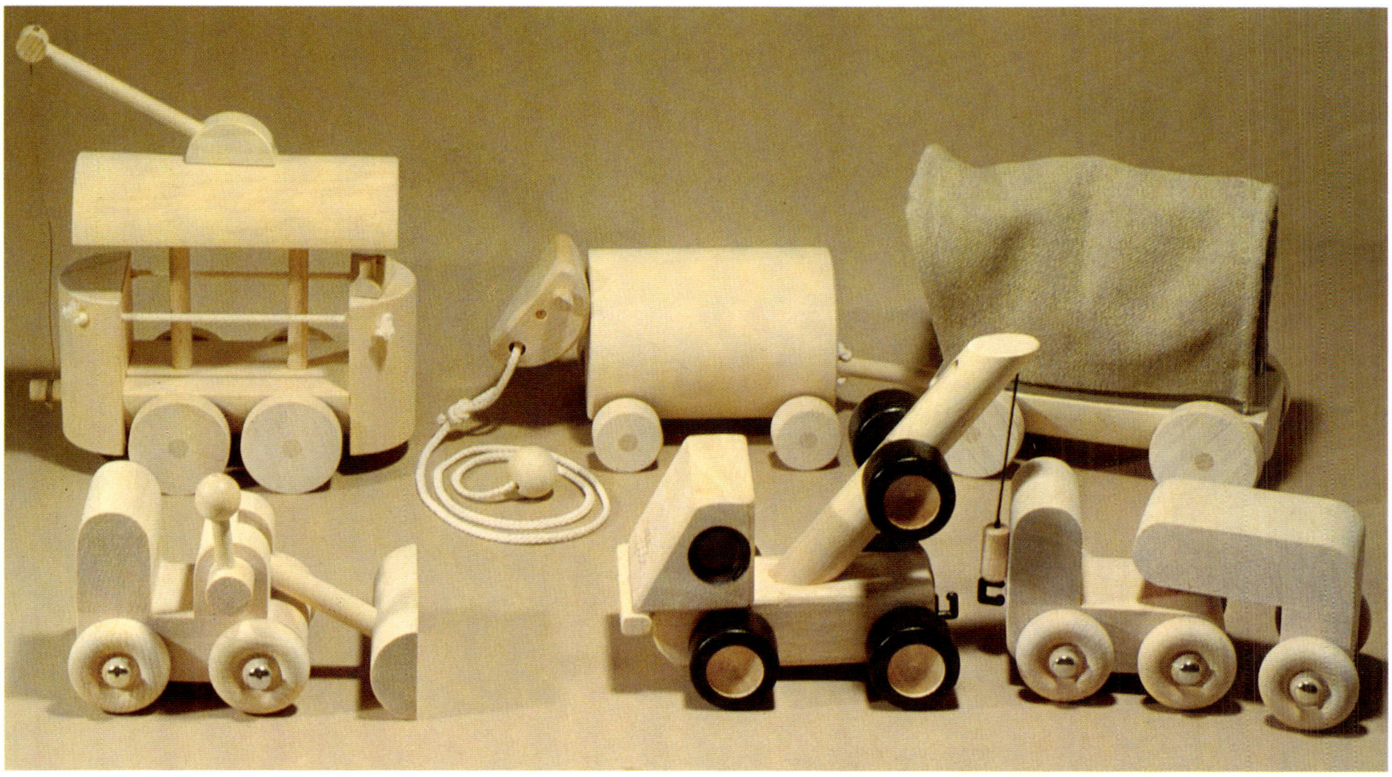

Holzbaukasten „Korbuly's Matador"
Matador, Wien; um 1920
Buche, diverse Größen
Schausammlung Altonaer Museum,
Hamburg

Diese Baukästen werden seit 1900 bis heute hergestellt.

Spielzeugauto mit Kran. Erbaut aus Matador-Elementen
Matador, Pfaffstätten; Gegenwart
Buche in diversen Größen
Sammlung Salzburger Museum Carolino Augusteum
(In den vorbildlichen Spielstuben des Museums können Kinder während der Öffnungszeiten u.a. mit diesem Baukasten spielen.)
Im Handel erhältlich

Die Firma Matador kombiniert bei diesem Spielzeug unter Wahrung der Tradition ihres Holzbaukastens Holz mit einigen Kunststoffteilen.

Schiff
Mexiko; 1977
Balsaholz, bemalt; Länge 37,5 cm
Sammlung Renate und Hans Jürgen Rau
Im Handel erhältlich

Mühle mit tanzenden Mädchen und Schiff auf Rädern
Thüringen oder Erzgebirge; Mitte des 19. Jahrhunderts
Nadelholz, bemalt, Schanz (erhöhter Teil des Schiffes) aus Pappe;
Mühle: 18 x 21 cm, Schiff: 17 x 23 cm
Schausammlung Altonaer Museum, Hamburg

Beim Fahren dreht sich das Windrad und die Mädchen beginnen im Kreis zu tanzen.

Dampfwalze
Firma Sigikid, Design: Klaus Rüger,
Leinfelden; Gegenwart
Kiefernholz; 66 x 39 x 54 cm
Sammlung Renate und Hans Jürgen Rau
Im Handel erhältlich

Die Dampfwalze kann gesteuert werden.

Draisine-Läufer
Vermutlich Berchtesgaden; um 1840
Fichte, bemalt; 20,8 x 19 cm
Heimatmuseum Berchtesgaden

Federspiel
Seiffen (Erzgebirge); um 1800
Privates Museum Erzgebirgischer Volkskunst Eberhard Werkner

Das Federspiel wird wie Mikado gespielt. Gröber/Metzger „Kinderspielzeug aus aller Welt" beschreibt es als Geschicklichkeitsspiel, nennt als Entstehungszeit ca. 1800 und gibt als Standort das Nordisk Museet, Stockholm an.
Eine Nachbildung des Spiels in der Größe von 40 cm ist zur Zeit im Handel erhältlich.

Links:
„Managon"
naef Spielzeug, Zeiningen (Schweiz)
Design: Jost Hänny; 1975
Nußbaum; Höhe 13 cm

Bei diesem Spiel müssen verschieden lange Stäbe so eingeführt werden, daß der ganze Würfel gefüllt ist, aber kein Stück herausschaut.

Rechts:
Großes Holzpuzzle
Japan; Gegenwart
Wird in verschiedenen Holzarten gefertigt; Länge 13,5 cm
Beide Stücke: Renate und Hans Jürgen Rau
Beide Spielzeuge im Handel erhältlich

Fantasie

Jedes Stückchen Holz ist ein „lackierter Blumenstab, an welchen die Phantasie hundertblättrige Rosen aufstecken kann… Vergeßt es doch nie, daß Spiele der Kinder mit toten Spielsachen darum so wichtig sind, weil es für sie nur lebendige gibt und einem Kinde eine Puppe so sehr ein Mensch ist wie einem Weibe eine Erwachsene… Aber an reicher Wirklichkeit verwelkt und verarmt die Phantasie; mithin sei jede Spielpuppe und Spielwelt nur ein Flachsroggen, von welchem die Seele ein buntes Gewand abspinnt." So schrieb der deutsche Dichter Jean Paul (1763–1825) in seinem pädagogischen Hauptwerk „Levana oder Erziehlehre" (1807) über die Rolle der Fantasie im kindlichen Spiel.

Heute sind sich die Spielpädagogen darin einig, daß Spielmittel und Spielzeug sowohl Fantasie und Kognition anregen wie dem Heranwachsenden eine vertiefte Auseinandersetzung mit der Realität ermöglichen sollen. Bildbeispiele in diesem Buch zeigen, daß der Werkstoff Holz für alle Zwecke und Ziele des Spiels Möglichkeiten bereithält. Von der archetypischen Grundform hat uns unser Gang durch die Welt des Holzspielzeugs über Puppen und Docken, über all das, was das Kind in seiner Umwelt im täglichen Leben umgibt, bis in das Reich der Fantasie geführt. Wir finden hier – zu einer farbenprächtigen Gruppe vereint – die langschweifigen Wippvögel neben der Vogelgruppe, die man aufeinandertürmen kann, einen großen Fisch als Nachziehtier, ein Puppensteckspiel, Stehauf-Puppen und Handkreisel und den beliebten Schaukelreiter. Asiatischer Herkunft sind die Vogelmarionette aus Sri Lanka und der herrliche Elefant sowie Tier- und Menschenfiguren aus Indien.
Wie der Holzbaukasten „Stadt Betulla" 25 verschiedene Holzarten vorgeführt hat (Seite 27), so zeigt ein Baukasten aus der Schweiz mit 64 Würfeln die Regenbogenfarben. Zu Recht gilt der Regenbogen als Zeichen dafür, wie nahe menschliche Fantasie und Gegebenheiten der Natur, die dem Regenbogenspektrum innewohnen, verwandt sind.
Hans Happ, ein Einzelgänger unter den Spielzeugmachern, hat einen beweglichen Drachen geschaffen, der Fantasie und Geschicklichkeit eines jeden Kindes anzuregen vermag. In Japan sichert der Spielzeugdrache seinem Besitzer nach der Überlieferung ein langes Leben. Hans Happs Drache steht hier als Symbol für die Welt des Holzspielzeugs, in der jeder Mensch als Kind zuhause gewesen ist und die ihn im Sinne Gorkis (siehe Seite 10) geprägt hat.

Abbildung Seite 119
Verschiedenes Spielzeug
Breitschwerdt Holzspielzeug, Freudenstein; 1965 bis 1982
Aufbauspiel „Vögel" aus Buche, 18 x 28 cm. Wippvogel aus Sperrholz, 17 x 36 cm, gesägt. Handkreisel aus Buche, Durchmesser 9,5 cm. Nachziehtier Fisch aus Buche, 39 x 24 cm. Stehauf-Puppen, Durchmesser 6,5 cm, Höhe 11 cm. Steckspiel Puppenfamilie mit Kasten; Durchmesser 15 cm, Höhe 16 cm. Schaukelreiter 13 x 17 cm
Sammlung Renate und Hans Jürgen Rau
Im Handel erhältlich

Das Spielzeug wurde zum Teil gedrechselt und gefräst, farbig gebeizt, bemalt bzw. bedruckt und zweifach lackiert.

Vogelmarionette
Sri Lanka; Gegenwart
Geschnitzt und bemalt; Breite 12 cm, Höhe 24 cm
Sammlung Renate und Hans Jürgen Rau

Bemalte und unbemalte Motive dieser Art sind zahlreich im Handel erhältlich.

Indischer Elefant und Figuren
Kandapalli-Figuren, Indien; Gegenwart
Puniki-Holz, bemalt; Höhe des Elefanten
mit Aufbau 27 cm
Sammlung Renate und Hans Jürgen Rau

Rechts: Baukasten mit 64 Würfeln in den Regenbogenfarben
Kiener Spielwaren, Zürich (Schweiz); Gegenwart
Größe des Kastens 33,5 cm
Alle sechs Seiten sind in anderen Farbkombinationen eingefärbt
Sammlung Renate und Hans Jürgen Rau
Im Handel erhältlich

Unten: Drachen
Einzelstück. Hans Happ, Dreieich; 1934
Birne, Drechslerarbeit, kombiniert mit Säge- und zum Teil auch Schnitzarbeit, unbemalt; Gesamtlänge ausgestreckt 60 cm.
Im Besitz des Künstlers

Das Tier kann in beliebige Stellung gebracht werden, die es dann beibehält (siehe auch Seite 89).

Spiele – doch immer bleibe
Freundlich zu allem, womit du spielst,
Weil alles (auch tote Gegenstände)
Dein Herz mehr ansieht als deine Hände.
Und weil alle Menschen (auch Du, mein Kind)
Spielzeug des lieben Gottes sind.

Joachim Ringelnatz

Museen und Sammlungen*

Verlag und Autoren danken allen Museen und Privatsammlern, die eine Fotografiererlaubnis erteilten, für ihre Unterstützung.

Museen, aus denen das vorliegende Buch Ausstellungsstücke zeigt, sind mit einem + gekennzeichnet.

Aus folgenden Privatsammlungen wurden Abbildungen aufgenommen:

Sammlung Gesa Dedler und Rudo Prägert
Sammlung Christoph P. Grauwiller
Sammlung Ehrhardt Heinold
Kempowski-Archiv
Sammlung Richard Lang
Sammlung Juliane Metzger (Bestände, die sich nicht im Niederrheinischen Museum für Volkskunde, Kevelaer, befinden.)
Privates Museum Erzgebirgischer Volkskunst Eberhard Werkner, Kehl-Kittersburg
Sammlung Renate und Hans Jürgen Rau
Sammlung Regina und René Rilz

Bundesrepublik Deutschland

Berchtesgaden
+ Heimatmuseum Berchtesgaden
Schroffen Bergallee 6
D-8240 Berchtesgaden

Berlin
Museum für Deutsche Volkskunde
Im Winkel 6-8
D-1000 Berlin 33 (Dahlem)

Bremen
Bremer Landesmuseum
für Kunst- und Kulturgeschichte
Schwachhauser Heerstraße 240
D-2800 Bremen

Fladungen
Rhön-Museum Fladungen
Marktplatz 1
D-8741 Fladungen

Göppingen
Städtisches Museum
„Im Storchen"
Wühlestraße 36
D-7320 Göppingen

Grefrath
Niederrheinisches Freilichtmuseum
Dorenburg (Spielzeugsammlung
H. G. Klein)
D-4155 Grefrath 1

Hamburg
+ Altonaer Museum in Hamburg
Norddeutsches Landesmuseum
Museumstraße 23
D-2000 Hamburg 50

Kevelaer
+ Niederrheinisches Museum für
Volkskunde und Kulturgeschichte
(Sammlung Juliane Metzger)
Hauptstraße 18
D-4178 Kevelaer

Kirchberg a. d. Jagst
Erzgebirgisches Heimatmuseum
Kirchstraße 17
D-7184 Kirchberg

Lübeck
St.-Annen-Museum
St. Annen-Straße 15
D-2400 Lübeck

Neustadt b. Coburg
Trachtenpuppen-Museum
Hindenburgplatz
D-8632 Neustadt b. Coburg

Nürnberg
+ Stadt Nürnberg, Spielzeugmuseum
Museum Lydia Bayer
Karlstraße 13
D-8500 Nürnberg

Oberammergau
+ Gemeindliches Heimatmuseum
Oberammergau
Dorfstraße 8
D-8103 Oberammergau

Otzberg
Sammlung zur Volkskunde in Hessen
Museum im Alten Rathaus
Bismarckstraße 2
D-6111 Otzberg

*In diese Übersicht wurden nur Museen und Sammlungen mit umfangreichen Spielzeugbeständen aufgenommen.

Deutsche Demokratische Republik

Annaberg-Buchholz
Erzgebirgsmuseum
Große Kirchgasse 16
DDR-9300 Annaberg

Dresden
Staatl. Museum für Volkskunst
Jägerhof an der Köpckestraße
DDR-8006 Dresden

Freiberg
Stadt- und Bergbaumuseum
Am Dom 1
DDR-9200 Freiberg

Grünhainichen
Ausstellung „Erzgebirgische Volkskunst"
Untere Schule
Karl-Marx-Straße
DDR-9392 Grünhainichen

Marienberg
Heimatmuseum
Im Zschopauer Tor
DDR-9340 Marienberg

Mauersberg
Museum Mauersberg
Hauptstraße 70 c
DDR 9341 Mauersberg

Olbernhau
Haus der Heimat
Ernst-Thälmann-Platz 4
DDR-9330 Olbernhau

Schneeberg
Museum für bergmännische Volkskunst
Rosa-Luxemburg-Platz 1
DDR-9412 Schneeberg

Seiffen
Erzgebirgisches Spielzeugmuseum
Ernst-Thälmann-Straße 73
DDR-9335 Seiffen
Damit verbunden: Freilichtmuseum im Ortsteil Heidelberg (Hier wird das Reifendrehen demonstriert)
Schauwerkstatt der PGH Seiffener Volkskunst
Bahnhofstraße 12
DDR-9335 Seiffen

Sonneberg
Spielzeugmuseum der DDR
Beethovenstraße 10
6400 Sonneberg

Waltershausen
Heimatmuseum Schloß Tenneberg
DDR-5812 Waltershausen

Zöblitz
Heimatschau
Markt
DDR-9347 Zöblitz

Zwönitz
Gebhardtsche Sammlungen
Haus des Kulturbundes am Markt
DDR-9417 Zwönitz

Italien

St. Ulrich
Grödner Heimatmuseum
I-39046 St. Ulrich

Österreich

Pfaffstätten
Matador-Museum
A-2511 Pfaffstätten

Salzburg
\+ Salzburger Museum
Carolino Augusteum/Sammlung Folk
Bürgerspitalgasse
A-5010 Salzburg

Wien
Österreichisches Museum für Volkskunde
Laudongasse 15-19
A-1010 Wien 8

Schweiz

Riehen bei Basel
\+ Schweizerisches Museum für Volkskunde, Basel
Spielzeug- und Dorfmuseum Riehen
Wettsteinstraße 1
CH-4125 Riehen

Zürich
\+ Zürcher Spielzeugmuseum
Stiftung Spielzeugmuseum Franz Carl Weber
Fortunagasse 15
CH-8001 Zürich

Hersteller- und Liefernachweis

Die angegebenen Ziffern beziehen sich auf die Seiten der abgebildeten Stücke.

7 *Kraxenträger:* Werner Bierling, Bahnhofstraße 86, D-8103 Oberammergau
9 *Baum Malus:* naef Spielzeug, CH-4314 Zeiningen
Vogelbaum: Erich Pollack, Streberdorfstraße 154, A-1210 Wien
Baumpuzzle: Tello-Spielzeug, CH-8003 Zürich
Auslieferung in Deutschland: Helmuth Kinzel, 7120 Bietigheim-Bissingen
11 *Reifenstücke:* Firma Otto Mertens, Duvendahl 90, D-2093 Stelle
17 *Seiffener Drehwerk:* Firma Otto Mertens, Duvendahl 90, D-2093 Stelle
23 *Spielzeug aus Berchtesgaden:* „Berchtesgadener Handwerkskunst", D-8240 Berchtesgaden
27 *Holzbaukasten Stadt Betulla:* AWB Architektur- und Wohnbedarf GmbH, D-7151 Burgstetten
31 *Schaukelpferd:* Relko Rocking Horses, North Bovey, Newton Abbot, Devon England TQ 13
Auslieferung in Deutschland: Helmut Kinzel, 7120 Bietigheim-Bissingen
32 *Reifendreher:* Firma Otto Mertens, Duvendahl 90, D-2093 Stelle
33 *Marktstand:* Bodo Hennig Puppenmöbel GmbH, D-8961 Wildpoldsried
38 *Babyspielzeug:* Meistergilde, D-4773 Möhnesee-Wamel
39 *Storchenreiter* (Nachbildung): Firma Otto Mertens, Duvendahl 90, D-2093 Stelle
42 *Kuhgespannschlitten:* Schweizer Heimatwerk, Rudolf-Brun-Brücke, CH-8023 Zürich
43 *Arche Noah als Puzzle:* AWB Architektur- und Wohnbedarf GmbH, D-7151 Burgstetten
50 *Puppenstuben-Puzzle:* Erich Pollack, Streberdorfstraße 154, A-1210 Wien
51 *Küche und Küchengeschirr:* Sonnenhof Werkstätte, Lärchenweg 11, D-3388 Bad Harzburg 1
73 *Bewegungsspielzeug* von Gesa Dedler: Monika Lang, Theaterstraße 2, D-8103 Oberammergau
74 *Hampelmänner* (oben): Werner Bierling, Bahnhofstraße 18, D-8103 Oberammergau
81 *Radfahrer und Vogel:* artipresent, D-7022 Leinfelden-Echterdingen
85 *Wassermühle:* Atelier H. Huber-I. Eska Weng 1 1/2, D-8399 Griesbach
86 *Odenwälder Pferdefuhrwerk* (neu): Adam Krämer, D-6101 Reichelsheim
89 *Wagen mit Pferd:* Hans Happ, Wildscheuerweg 7, D-6072 Dreieich
90 *Scheune:* Werkstudio Güllert, D-8315 Geisenhausen
Heuwagen: AWB Architektur- und Wohnbedarf GmbH, D-7151 Burgstetten und über Galerie Margot Ostheimer, Braubachstraße 33, D-6000 Frankfurt a.M.
Pferde: Tatra Galerie, Münstergasse 48 CH-3011 Bern
99 *Vögel:* „El Comal", Dirk G. Müller, D-6238 Hofheim/Taunus und Galerie Margot Ostheimer, Braubachstraße 33, 6000 Frankfurt a.M.
101 *Kleiner Zoo:* La Perle d'afrique, Auf der Heide 2, D-4040 Neuss 1
101 *Zoo:* Die Werkstatt, Spiel und Design, Bodelschwinghstraße 1, D-3500 Kassel
104 *Elefant und Krokodil:* Monika Lang, Theaterstraße 2, D-8103 Oberammergau
105 *Dinosaurier-Stecktiere:* KSD Industrial Co. Ltd., P.O.Box 46-373, Taipei, Taiwan, R.O.C. Auslieferung in Deutschland: Kilroy-Kai Dyzmann, Waldstraße 10, D-2117 Tostedt
107 *Schwäbische Eisenbahn:* Holz-Hoerz, Postfach 1105, D-7313 Reichenbach-Fils/Württ.
109 *Schaufelbagger, Transporter:* Aarikka O Y, S F-00510 Helsinki 51
Kobba-Kran: The Kobba Toy Company, Tauranga South, Neuseeland, Auslieferung des Schaufelbaggers, Transporters und Kobba Krans: Helmut Kinzel, D-7120 Bietigheim-Bissingen
Tram und Ochsenkarren: naef Spielzeug, CH-4314 Zeiningen
111 *matador-Baukasten:* Matador-Haus, Johann Korbuly, Gesellschaft mbH, A-2511 Pfaffstätten
112 *Schiff:* „El Comal", Dirk G. Müller, D-6238 Hofheim/Taunus und Galerie Margot Ostheimer, Braubachstraße 33, D-6000 Frankfurt a.M.
114 *Dampfwalze:* Firma Sigikid, Am Wolfsgarten, D-8581 Mistelbach/Bayreuth
116 *Federspiel* (neu): Carstens Holzspielzeug, Oldenburgerstraße 61, D-2932 Zetel 1
117 *Managon:* naef Spielzeug, CH-4314 Zeiningen
Holzpuzzle: W. Herwig KG, Stuckenborstel, D-2724 Sottrum
119 *Verschiedenes Spielzeug:* Breitschwerdt Holzspielzeug, D-7131 Freudenstein/Baden-Württ.
120 *Vogelmarionette:* Johann Schmider GmbH, Hauptstraße 28-30, D-7613 Hausach
122 *Baukasten:* Kiener Spielwaren, Kathrin Kiener, Bleistraße 11, Zürich; Auslieferung in Deutschland: Galerie Margot Ostheimer, Braubachstraße 33, D-6000 Frankfurt a.M.
122 *Drachen:* Hans Happ, Wildscheuerweg 7, D-6072 Dreieich

Bibliografie

Allemagne, H.-R.: *Histoire des jouets.* Paris 1903

Altes Spielzeug. Focke-Museum. Bremen 1961 (Katalog)

Altes Spielzeug. Sammlung H. G. Klein. Schriften des Museumsvereins Dorenburg eV, Bd. 26. Köln/Bonn o. J.

Andrä, E.: *Spielzeug.* Dresden 1955

Aquoi jouent les enfants du monde. Musée d'Ethnographie. Neuchatel 1959 (Katalog)

Bachmann, M.: *Seiffener Spielzeugschnitzer.* Leipzig 1956

Bachmann, M.: *Das Staatliche Museum für Volkskunst Dresden.* Dresden 1961

Bachmann, M.: *Das Waldkirchner Spielzeugmusterbuch.* Leipzig 1977

Bachmann, M.: „Zur Entwicklung der erzgebirgischen Holzschnitzerei." In: *Abhandlungen und Berichte des Staatlichen Museums für Volkskunde, Dresden,* Bd. 22. Berlin 1963

Baldet, M.: *Von der Tonfigur zum Bleisoldaten.* Düsseldorf 1961

Bangert, A.: *Altes Spielzeug.* München 1981

Benjamin, W.: *Über Kinder, Jugend und Erziehung.* Frankfurt/M. 1969
Enthält 2 Rezensionen Benjamins von Gröber, Kinderspielzeug aus alter Zeit, und eine Besprechung einer Spielzeugausstellung im Märkischen Museum.

Bilz, H.: „Das Reifendreherhandwerk in der erzgebirgischen Spielzeugproduktion des Seiffener Gebietes." In: *Wissenschaftliche Zeitschrift der Humboldt-Universität.* Berlin 1971

Bilz, H.: *Das Reifendreherhandwerk im Spielwarengebiet Seiffen.* Erzgebirgisches Spielzeugmuseum im Kurort Seiffen. Seiffen 1976

Bilz, H.: *Die gesellschaftliche Stellung und soziale Lage der hausindustriellen Seiffener Spielzeugmacher im 19. und Anfang des 20. Jahrhunderts.* Erzgebirgisches Spielzeugmuseum Kurort Seiffen. Seiffen 1975

Bilz, H.: *Erzgebirgisches Spielzeugmuseum Spielzeugdorf Kurort Seiffen.* Museumsführer. Seiffen 1979

Björnstad, A.: *Leksaker och spel.* Nordiska Museet. Stockholm 1961

Braun, I.: *Spaß und Spiel.* München 1979

Bredt, E. W.: *Künstlerische Holzspielsachen.* München o. J.

Clauß, H. (Hrsg.): *Das Erzgebirge.* Frankfurt/M. 1967

Clauß, H.: *Schnitzen in der Rhön.* Leipzig 1956

Daiken, L.: *Childrens' Toys throughout the Ages.* London 1963

Ehlers, O. A.: „Deutsches Holzspielzeug." In: *Westermanns Monatshefte.* 77. Braunschweig 1932. S. 313–316.

Eichhorn, J.: *Das Spielzeug in der Volkskunst des Erzgebirges.* Karl-Marx-Stadt 1964

Erich, O. A. u. Beitl, R.: *Wörterbuch der deutschen Volkskunde.* Stuttgart 1936; 3. Aufl. 1974

Erich, O. A. u. Rumpf, F.: *Spielzeug der Völker.* Berlin 1922–1925

Fawdry, K. and M.: *Pollock's History of English Dolls & Toys.* London 1979

Feininger, T. L. u. Feininger, A.: *Lyonel Feininger. Die Stadt am Ende der Welt.* München 1965

Fink, E.: *Spiel als Weltsymbol.* Stuttgart 1960

Foley, D.: *Toys through the Ages.* Philadelphia/New York 1962

Flade, H.: *Holz.* Wiesbaden o. J.
Dieses sehr empfehlenswerte, tiefgründige Werk über die Gestaltung von Holz enthält eine ausführliche Bibliographie zum Thema Holz. Der aus dem erzgebirgischen Spielzeuggebiet stammende Autor ist an der Entwicklung der Holz- und Spielzeugindustrie der DDR maßgeblich beteiligt.

Fraser, A.: *Spielzeug.* Oldenburg o. J.

Fritzsch, K. E.: „Erzgebirgische Spielzeugmusterbücher." In: *Deutsches Jahrbuch für Volkskunde.* Bd. IV. Berlin 1958

Fritzsch, K. E.: „Die Umstellung des Bergortes Seiffen zur Spielzeugproduktion. Motive des Spielzeugs nach erzgebirgischen Musterbüchern des 19. Jahrhunderts." In: *Sächsische Heimatblätter.* Dresden, 6, 1965

Fritzsch, K. E.: „Zur Geschichte des erzgebirgischen Spielzeugs." In *Sächsische Heimatblätter.* Sonderdruck. Dresden 1967

Fritzsch, K. E. u. Bachmann, M.: *Deutsches Spielzeug.* Hamburg – Leipzig 1965

Fugmann, E. R.: *Der Sonneberger Wirtschaftsraum.* Halle 1939

Gantner, T. u. Hartmann, W.: *Das Spielzeugbuch.* Frankfurt/M. – Innsbruck o. J.

Geist, H. F.: *Spielzeug.* Leipzig 1938; 2. Aufl. München 1971

Gröber, K.: *Kinderspielzeug aus alter Zeit.* Berlin 1927

Gröber, K. u. Metzger, J.: *Kinderspielzeug aus alter Zeit.* Hamburg 1965
Enthält ein Literaturverzeichnis mit einer Reihe entlegener Titel, die man an anderer Stelle nicht findet, und außerdem ein internationales Museumsverzeichnis, das auch einige Museen in Übersee berücksichtigt. Einige der darin aufgeführten Privatsammlungen sind inzwischen in öffentliche Museen aufgegangen.

Haberlandt, A.: *Die Holzschnitzerei im Grödner Tal.* Wien 1914

Hahm, K.: *Deutsche Volkskunst.* Berlin 1928

Haller, R.: *Volkstümliche Schnitzerei; Kleinplastiken aus Holz.* München 1981

Hardach-Pinke, I. u. Hardach, G.: *Kinderalltag.* Reinbek b. Hamburg 1981
Enthält ausführliche Bibliographie von Kindheitsbiographien aus dem 18. und 19. Jahrhundert.

Herzik, E.: *Volksspielzeug.* Prag 1952

Hildebrandt, P.: *Das Spielzeug im Leben des Kindes.* Berlin 1904
Das Buch enthält vornehmlich Ergebnisse einer Umfrage bei namhaften Autoren der Zeit um 1900 über ihre Erfahrungen mit Spielzeug.

Hinrichsen, T.: *Spielzeug.* München 1980
Dieses Buch gibt als einziges Preise für antiquarisches Spielzeug an. Es enthält ein sehr ausführliches Literaturverzeichnis.

Hirzel, St.: *Spielzeug und Spielwaren.*

Ravensburg 1956
Huizinga, J.: *Homo ludens.* Hamburg 1960
Jaffke, F.: *Spielzeug von Eltern selbstgemacht.* 2. Aufl. Stuttgart 1973
Jouets – une sélection du Musée de Sonneberg R. D. A.. Paris 1973 (Katalog)
Kaut, H.: *Alt Wiener Spielzeugschachtel.* Wien 1961
Mit speziellem Literaturnachweis über Spielzeugproduktion in Österreich.
Keil, O.: *Spielzeug.* Leipzig 1963
Keil, O.: *Spielzeug aus dem Deutschen Spielzeugmuseum Sonneberg.* Leipzig 1963
Key, E.: *Das Jahrhundert des Kindes.* Berlin 1902
Kinder-Kaleidoskop. Handwerker gestalten für Kinder. Hagen 1964 (Katalog)
Kinderspielzeug. Basel 1964 (Katalog)
Kinderspielzeug. Schweizerisches Museum für Volkskunde 1964 (Katalog)
Das Kind und seine Welt. Wien 1959, Zürich 1963 (Kataloge)
King, C. E.: *Das große Buch vom Spielzeug.* Zollikon 1978
Kloos, W.: *Bremer Kinder und ihr Spielzeug.* Bremen 1969
Kuczynski, J. u. Hoppe, R.: *Geschichte der Kinderarbeit in Deutschland 1750–1939.* 2 Bde. Berlin 1958
Kuczynski, J. u. Hoppe, R.: *Studien zur Geschichte der Lage des arbeitenden Kindes in Deutschland von 1700 bis zur Gegenwart.* Berlin 1968
Kutschera, V.: *Spielzeug.* München 1979
Das Buch dokumentiert die Sammlungen des Salzburger Spielzeugmuseums.
Langner, R.: *Neue Schnitzarbeiten aus dem Erzgebirge.* Leipzig 1957
Lehmann, E.: „Die Sonneberger Puppenmacher." In: *Deutsches Jahrbuch für Volkskunde,* Bd. IV. Berlin 1958
Lehmann, O.: „Spiele und Spielzeug in Schleswig-Holstein." In: *Die Sachgüter der deutschen Volkskunde.* Berlin 1934, S. 293–310
Lirum Larum Löffelstiel, wer mischt mit beim Kinderspiel? Eine Ausstellung des Seminars für Volkskunde der Universität Göttingen im Städtischen Museum. 10.12.1978–27.1.1979
Marwitz, Chr. v. d.: *Spielzeug aus Frankfurter Familienbesitz.* Frankfurt/M. 1965
Metzger, J.: *Spielzeug damals, heute, anderswo.* Frankfurt/M. 1968
Meyer, G.: *Die Spielwarenindustrie im sächsischen Erzgebirge.* Leipzig 1911
Mieskes, H.: „Warum Spielmittel?" In: *Spielmittel.* Bamberg 1970
Pinon, R.: *L'enface en Wallonie.* Musée de la vie Wallone. Liège, 8.6.–2.9.73 (Ausstellungskatalog)
Pinon, R.: „Probleme einer europäischen Kinderspielforschung." In: *Hessische Blätter für Volkskunde 58* (1967), S. 9–45
Pöschl, V.: *Spiel und Spielware in Wirtschaft und Wissenschaft.* Leipzig 1937
Pöschl, V.: *Spielzeug und Spielware.* Wien 1937
Prodinger, F.: *Spielzeug aus Hallein.* Salzburg 1974
Puppe, Fibel, Schießgewehr. Das Kind im kaiserlichen Deutschland. Ausstellung der Akademie der Künste. Berlin 1976
Rabecq-Maillard, M. M.: *Histoire des jouets.* Paris 1962
Rattelmüller, P. E.: *Oberammergauer Spielzeug.* Farbaufnahmen Hans Jürgen Rau. München o. J.
Rausch, E.: *Die Sonneberger Spielwaren-Industrie.* Berlin 1901
Reible, K.: *Die deutsche Spielwarenindustrie, ihre gegenwärtige Entwicklung und ihr gegenwärtiger Stand.* Diss. Gießen 1925
Reidel, M.: *Stamm und Laub.* Eching b. München 1981
Dieses Bilderbuch führt Kinder in die Welt der Bäume und des Holzes ein. Es zeigt an Beispielen, wofür die jeweilige Holzart besonders gut verwendbar ist.
Remise, J.: *L'Age d'Or des Jouets Anciens.* Paris 1977
Retter, H.: *Spielzeug.* Weinheim 1977
Enthält eine ausführliche Bibliographie vornehmlich zur Pädagogik der Spielmittel.
Retter, H.: *Spielzeug – Sozialschicht – Erziehung.* Oberursel 1973
Ritz, J. M.: *Volkskunst und Museum in Oberammergau.* Oberammergau 1957
Roth, J. F.: *Geschichte des Nürnberger Handels.* 4 Bde. Leipzig 1800–1802
Rustic Toys of Japan. Bijutsu Shuppan-Sha. Tokyo 1964
Salzburger Museum Carolino Augusteum: Salzburger Spielzeugmuseum. Sammlung Folk. Salzburg o. J. (Katalog)
Sammlung zur Volkskunde in Hessen. Spielzeug aus Hessen. Bd. 13. Otzberg 1978 (Katalog)
Sax, E.: *Die Hausindustrie in Thüringen.* 2 Bde. Jena 1882, 1888
Schäfer, E.: *Das Erzgebirge und sein Handwerk.* Berlin o. J.
Schmidt, E.: *Spielzeug und Spiele der Kinder im klassischen Altertum.* Meiningen 1971
Schwarz, E.; Molodovsky, N.: *Berchtesgadener Handwerkskunst.* Freilassing 1977
Schwindrazheim, H.: *Altes Spielzeug aus Schleswig-Holstein.* Heide 1957
Seyffert, O.; Trier, W.: *Spielzeug.* Berlin 1922
Spielzeug. Von einem Autorenkollektiv. Leipzig 1958
Das Spielzeug. Kunstgewerbemuseum Zürich 1952 (Katalog)
Spielzeug aus vergangenen Zeiten. Museum am Ostwall, Dortmund 1956 (Katalog)
Spielzeugmuseum Nürnberg. Nürnberg 1979 (Katalog)
Spielzeug und Puppen. Historisches Museum Frankfurt/M. 1962 (Katalog)
Stäblein, R.: *Altes Holzspielzeug aus Gröden.* Bozen 1980
Enthält einen ausführlichen Literaturhinweis, der nicht nur das Grödner Tal, sondern auch die anderen Spielzeuggebiete erfaßt.
Staudinger, K.: *Kind und Spielzeug.* Leipzig 1923
Stenbock-Fermor, A. Graf: *Deutschland von unten.* Luzern und Frankfurt/M. 1980
Stille, E. und Pfistermeister, U.: *Christbaumschmuck.* Nürnberg 1979
Stillich, O.: *Die Spielwaren-Hausindustrie des Meininger Oberlandes.* Jena 1899
Thiede, P.: „Die Spielwaren-Arbeiter und -Arbeiterinnen in Sonneberg und Umgegend." In: *Sozialer Fortschritt,* 63/64 (1906) S. 25 f.
Tschekalow, A. K.: *Russisches Volksspielzeug.* Dresden 1972
Von russischen Jahrmärkten. Museum am Ostwall, Dortmund 1961 (Katalog)
Vero Construc. VEB Kombinat Holzspielwaren VERO Olbernhau. 1974 (Katalog)
Warenkataloge des Spielzeugversandhauses Franz Carl Weber, 1960–1964. Zürich. (Kataloge)
Weber-Kellermann, I.: *Brauch – Familie – Arbeitsleben.* Marburg 1978
Weber-Kellermann, I.: *Die deutsche Familie.* Frankfurt/M. 5. Aufl. 1979
Weber-Kellermann, I.: *Die Familie. Geschichte. Geschichten. Bilder.* Frankfurt/M. 2. Aufl. 1977
Weber-Kellermann, I.: *Die Kindheit.* Frankfurt/M. 1979
Enthält ein ausführliches Literaturverzeichnis mit Schwerpunkt Kinderleben in der Vergangenheit.
Weber-Kellermann, I.: *Das Weihnachtsfest. Eine Kultur- und Sozialgeschichte der Weihnachtszeit.* Luzern 1978
Wenzel, G.: *Die Geschichte der Nürnberger Spielzeugindustrie.* Diss. Erlangen 1967
Westenberger, B. E.: *Die Holzspielwarenindustrie im sächsischen Erzgebirge.* Leipzig 1911
Wille, H. H.: *Silbernes Erzgebirge.* Dresden o. J.
Zabo, C.: *Nürnberger Spielzeug.* (Kleine Nürnberger Reihe, Bd. 4) Nürnberg o. J.